ROSANA PINHEIRO-MACHADO

AMANHÃ VAI SER MAIOR

O QUE ACONTECEU COM O BRASIL E POSSÍVEIS ROTAS DE FUGA PARA A CRISE ATUAL

Planeta

Copyright © Rosana Pinheiro-Machado, 2019
Copyright © Editora Planeta do Brasil, 2019
Todos os direitos reservados.

O título deste livro foi concedido gentilmente pelos organizadores Giuseppe Cocco e Bruno Cava, autores do livro *Amanhã vai ser maior* (Editora Annablume, 2014).

Preparação: Marina Castro
Revisão: Vivian Miwa Matsushita e Diego Franco Gonçales
Diagramação: Maria Beatriz Rosa
Capa: André Stefanini

DADOS INTERNACIONAIS DE CATALOGAÇÃO NA PUBLICAÇÃO (CIP)
ANGÉLICA ILACQUA CRB-8/7057

Pinheiro-Machado, Rosana
   Amanhã vai ser maior: o que aconteceu com o Brasil e as possíveis rotas de fuga para a crise atual / Rosana Pinheiro-Machado. -- São Paulo: Planeta do Brasil, 2019.
   192 p.

ISBN: 978-85-422-1814-5

1. Não ficção 2. Brasil - Política e governo 3. Brasil - Política e governo - História 4. Movimentos de protesto - Política - Brasil - História I. Título

192236   320.981

2019
Todos os direitos desta edição reservados à
Editora Planeta do Brasil Ltda.
Rua Bela Cintra 986, 4º andar – Consolação
São Paulo – SP CEP 01415-002
www.planetadelivros.com.br
faleconosco@editoraplaneta.com.br

Para quem eu espero
que o amanhã seja maior:
João Gabriel
Pedro Henrique
Gabriel
Sofia

PREFÁCIO   7
INTRODUÇÃO   11

PRELÚDIO   15
A FRAQUEJADA DO TOURO   17
A REVOLTA DOS 20 CENTAVOS   27
A REVOLTA DO ROLÊ   43
A REVOLTA DA CAÇAMBA   53

ATO I   O AVANÇO DA DIREITA   65
A ANTROPÓLOGA ALUCINADA   67
PROTESTO E PANELA GOURMET   73
APOCALIPSE SOBRE A TERRA PLANA   79
ÓDIO, SUBSTANTIVO MASCULINO   89

ATO II   O RECUO DA ESQUERDA   95
DA ESPERANÇA AO ÓDIO   97
BANDIDO BOM É BANDIDO MORTO   105
AS MALAS DO GEDDEL   111
BOLSONARO SABE MEU NOME   119
MANO BROWN AVISOU   125

ATO III   BOLSONARISMO   133
ESPETÁCULO PARA O TIO DO PAVÊ   135
VA-GA-BUN-DO!   141
UBERMINION   147
ABAIXO A DITADURA DA BARANGA   153
BOLSOMINIONS ARREPENDIDOS   157

RÉQUIEM DA DESESPERANÇA   163
A REVOLTA DAS VEDETES   165
A EXTREMA-DIREITA VENCEU, AS FEMINISTAS TAMBÉM   169
AMANHÃ VAI SER MAIOR   177
ESPERANÇA, SUBSTANTIVO FEMININO   183

PREFÁCIO

Não sei se todas as pessoas amadoras são engajadas, nem se todas as pessoas engajadas são amadoras. Este é um livro de uma escritora engajada e, especialmente, de uma amadora engajada na escrita. Rosana Pinheiro-Machado se apresenta como antropóloga e feminista; eu queria que ela aceitasse meu título de "amadora engajada".[1] Ao pensar o papel dos intelectuais, Edward Said descreveu as amadoras, assim mesmo, no feminino, como aquelas que se movem pelo "cuidado e afeto" e recusam o olhar "estreito da especialização".[2] Este é um livro de uma intelectual feminista que disputa a escrita da história sobre o que acontece na política brasi-

---

1. É o mesmo com o qual me descrevo, se isso servir de consolo à autora. Ver DUARTE, Cláudia Türner; TELLES, Cristina. Entrevista. *Publicum*. Rio de Janeiro, n. 2, pp. 1-12, 2016.
2. SAID, Edward. "Professionals and Amateurs". In: _____. *Representations of the Intellectual*. Nova York: Vintage Books, 1994.

leira e global. É um livro que responde ao instante da perturbação no momento em que é vivida.

O livro tem uma questão, costurada por diferentes espaços e histórias do tempo presente. A pergunta foucaultiana "O que está acontecendo aqui?" é lançada diante de quem lê sobre a fraquejada do touro, a Revolta do Rolê, a Revolta dos 20 Centavos ou a Revolta da Caçamba. A resposta é um percurso sobre os movimentos antissistêmicos que ocuparam as ruas na última década, dos Estados Unidos a Hong Kong, do Brasil à Argentina.[3] Rosana Pinheiro-Machado foge das respostas fáceis que podem sugerir causalidades entre as manifestações de 2013 e a eleição do presidente Jair Bolsonaro, e nos convida a pensar a complexidade das novas formas de mobilização coletiva, como a ocupação das escolas pelos secundaristas em São Paulo ou Porto Alegre e as coalizões instantâneas das redes digitais, como a que originou o Movimento Brasil Livre. Se não é possível traçar linhas únicas entre os jovens com guarda-chuvas de Hong Kong ou as meninas e mulheres com lenços verdes na Argentina, há um afeto que acompanha este livro: o da esperança feminista de que da aliança entre os corpos nas ruas possa surgir a transformação.[4]

As multidões sempre marcharam na história política dos povos. Marcharam simplesmente para ocupar as ruas, como um fim em si mesmo, ou como um meio para uma causa política. O livro não se ocupa das razões de cada multidão nas ruas, mas põe uma lupa no miudinho das pessoas comuns nas manifestações – o equipamento de Pinheiro-Machado é uma "cadeira de praia", e o instrumento de pesquisa, a escuta cuidadosa. Foi assim que conversou com caminhoneiros e caminhou junto à "rapaziada" do morro para os shoppings nos rolezinhos. "As revoltas são ambíguas", diz ela, e todas marcadas

---

3. ARRIGHI, Giovanni; HOPKINS, Terence; WALLERSTEIN, Immanuel. *Antisystemic Movements*. Londres: Verso, 1997.
ARRUZZA, Cinzia; BHATTACHARYA, Tithi; FRASER, Nancy. *Feminism for the 99%*: a Manifesto. Londres: Verso, 2019.
4. BUTLER, Judith. *Corpos em aliança e a política das ruas*: notas para uma teoria performativa de assembleia. Rio de Janeiro: Civilização Brasileira, 2018.

pelo gênero do poder. Se a raiva bolsonarista é o patriarcado racista e colonial em ação, o movimento #EleNão é o feminismo plural.

Nas páginas que seguem, a autora expõe como os corpos se fragilizam nas assembleias. Pinheiro-Machado termina o livro em processo de migração pelo vazio que passou a viver nos espaços formais de intelectualidade no Brasil: é escritora incansável, participante de diálogos virtuais e comunidades reais de encontro ativista, porém insistentemente importunada pela transparência de seus posicionamentos políticos e teóricos.

Apresentar-se como uma intelectual engajada no feminismo não a torna menos "cientista", se queremos a mística dessa categoria para a escrita em humanidades. Ao contrário, é exatamente por desnudar seu próprio posicionamento que Pinheiro-Machado se torna mais confiável no que diz: a pretensa neutralidade do cientista é uma fantasia do poder e dela abdicar é um gesto de honestidade intelectual. Daí a criatividade da escrita deste livro: entremeada à pesquisa de campo, está a voz de quem se espantava com o crescimento do ódio e das políticas fascistas com o bolsonarismo.

Se sua voz política vulnerabilizou sua permanência no país, o livro não é de alguém que se intimida fácil ou abdicou da esperança. É de uma feminista que participou do #EleNão pelas ruas e redes do país: como a autora, nenhuma de nós esquecerá esse momento. E sobre ele, há uma certeza no livro: #EleNão foi uma marcha como meio e fim. Mulheres diversas tinham uma causa em comum, o rechaço a Bolsonaro no poder. Mesmo com o resultado das urnas, houve um ganho político no movimento que não se desfez como as coalizões de instante nas redes. Há mulheres preocupadas com a justiça racial e de gênero na política, há mulheres comprometidas em garantir que a participação política seja pela palavra e pela presença.

Intencionalmente, um dos últimos capítulos do livro é sobre o movimento #EleNão. É do encontro da política nas ruas que nasce a esperança feminista da transformação. Assim como os corpos precarizados pela desigualdade que se rebelam, este livro é escrito por uma feminista em busca de novas multidões para nos guiar na compreensão sobre o que se passa entre a gente comum que se reúne para protestar, marchar ou simplesmente coexistir.

Debora Diniz
Antropóloga, professora universitária da Universidade de Brasília (UnB), pesquisadora, escritora e documentarista brasileira

INTRODUÇÃO

Desde as grandes manifestações de 2013, boa parte dos brasileiros possui uma única pergunta: o que está acontecendo com o país? Muitas pessoas se sentem em um trem desgovernado por causa de transformações profundas que o Brasil sofreu nos últimos anos, sem saber como *dar sentido*, *viver* e *combater* o caos diário.

Já existe uma vasta e qualificada produção que procura explicar esse momento da história brasileira que culmina na vitória de um candidato de extrema-direita – Jair Bolsonaro. A maioria dos livros, artigos de opinião e documentários sobre o colapso da nossa democracia traz uma análise institucional: o golpe, os partidos e a governabilidade, o presidencialismo de coalizão, o apoio da mídia na Lava Jato, as alianças e os interesses do impeachment, a atuação nada neutra do Judiciário na prisão de Lula, a força da indústria de *fake news* nas eleições etc. Essa é uma via fundamental de análise, mas não a única. Muitos analistas consagrados, inclusive, apostaram até o último momento em uma possível regeneração do sistema político organizado ao redor do tradicional antagonismo PT-PSDB, considerando, portanto, Bolsonaro um fenômeno de nicho e de internet.

Mas essa não foi uma eleição normal que poderia ser explicada pela racionalidade do sistema político. Foi a eleição do colapso do sistema, do caos e das emoções à flor da pele. O entendimento disso passa não apenas pela elucidação do jogo das organizações e dos atores políticos tradicionais, mas necessariamente por tudo aquilo que acontece fora do radar institucional.

Os ensaios deste livro procuram ir além do teatro político organizacional, abordando aspectos sobre os quais tem se falado menos na explicação da ascensão do bolsonarismo. De um lado, a análise foca as pessoas comuns, os sujeitos de classes populares que tiveram suas vidas impactadas de maneira profunda pela crise multidimensional brasileira e que foram seduzidos pela mensagem bolsonarista. De outro, olha-se para os novíssimos movimentos sociais, fundamentalmente antissistêmicos, como a nova onda do feminismo que explodiu no Brasil no século XXI e as formas emergentes de luta anticapitalista, que se pautam pelas questões de raça, gênero e sexualidade e que o *mainstream* intelectual, majoritariamente composto por homens brancos, ainda se recusa a tratar com a devida importância.

Sem observar como as fissuras democráticas ocorreram no dia a dia dos cidadãos comuns e as criativas formas de resistência que afloram aqui e acolá, nós não conseguimos contar a história completa de como chegamos até aqui, tampouco pensar quais as possíveis rotas de fuga que temos hoje, de forma concreta.

Este é um livro que fala sobre a conjuntura nacional, procurando ordenar os acontecimentos políticos em uma sequência cronológica desde Junho de 2013. Mas este também é um livro que fala sobre esperança e sobre o futuro. Não existe resistência sem criatividade e, por isso, imaginar um novo futuro é uma tarefa da qual não podemos abrir mão.

De que lugar eu estou falando quando escrevo este livro? O primeiro lugar é o de antropóloga, professora e pesquisadora. Desde 2015, tenho lecionado disciplinas na pós-graduação no Brasil e na Inglaterra sobre a sociologia dos movimentos sociais. Mas, além disso, minha visão de mundo foi construída, sobretudo, a partir da pesquisa de campo a respeito das questões das classes populares – tema que comecei a estudar de forma crítica no ano de 1999 (ainda que a cultura popular tenha atravessado minha vida pessoal desde sempre). De 2009 a 2018, em particular, eu e minha colega e amiga Lucia Mury Scalco começamos a investigar a inclusão pelo consumo e a subjetividade política em uma das maiores periferias da cidade de Porto Alegre. Como resultado desse trabalho de longa duração, nós pudemos acompanhar como a crise econômica, que começou em 2014, afetou a vida das pessoas de baixa renda e ajudou a moldar suas visões políticas. Passamos a chamar essa pesquisa de "Da esperança ao ódio", referindo-nos aos dois momentos opostos da história recente do país: crescimento econômico e recessão, lulismo e ascensão do bolsonarismo.

O segundo lugar do qual minha fala parte é o de intelectual pública e feminista. Desde as manifestações de Junho de 2013, tenho participado ativamente de eventos junto a coletivos diversos. Tenho ido às manifestações e falado para mulheres de diversos segmentos sociais, mas em particular para estudantes do Brasil todo. Nos últimos anos, viajei pelo país para dialogar com estudantes autônomos e organizações políticas. Minha aproximação com a juventude periférica de Porto Alegre e São Paulo tem sido fonte importante de inspiração também.

Se há um fio que costura minha atuação como acadêmica e intelectual pública é o gosto por gente de carne e osso, por suas histórias, contradições, agonias, seus afetos e sonhos. Tudo que aparece nas linhas que seguem vem desse exercício de escuta e do profundo respeito ao que cada pessoa tem a dizer sobre o país em que vive.

Além de trazer diversos ensaios inéditos, o livro também compila meus escritos desde 2013; no entanto, todos os textos aqui resgatados foram bastante modificados, ampliados e atualizados. O ponto de partida são as colunas publicadas no meu portal[5] e nos sites da *Carta-Capital* (2014-2017) e do *The Intercept Brasil* (2018-presente), para o qual, no nome do diretor-executivo Leandro Demori, deixo meu agradecimento a toda a equipe, em especial à Silvia Lisboa, minha editora e interlocutora. Há muito trabalho dela nestes textos. Também agradeço a Giuseppe Cocco e Bruno Cava, organizadores do livro *Amanhã vai ser maior: o levante da multidão no ano que não terminou* (Editora Annablume, 2014) por concordarem que esta fosse uma obra homônima. Enquanto o livro deles discute em profundidade as Jornadas de Junho de 2013, aqui tomamos as manifestações como um ponto de partida para entender o Brasil hoje.

De junho de 2013 à eleição de Jair Bolsonaro em 2018, o Brasil virou do avesso. A metáfora do teatro foi escolhida para pensar sobre essa transformação profunda que o país sofreu nos últimos tempos. O Prelúdio traz uma análise sobre o ativismo do século XXI, pautado pelo desejo de horizontalidade (a primavera global e as Jornadas de Junho de 2013), e o que chamo de "revoltas ambíguas", as manifestações políticas e/ou os atos de ação coletiva que não possuem uma orientação ideológica clara em sua largada (os rolezinhos e a greve dos caminhoneiros).

O Ato I discute o avanço da direita desde 2014, antes de o bolsonarismo se consolidar. O Ato II é uma análise crítica do recuo da esquerda: na produção de um silêncio acerca de aspectos da corrupção e da segurança pública, por exemplo, na desmobilização do trabalho de base popular e na aposta na inclusão pelo consumo. O Ato III traz uma análise do bolsonarismo propriamente dito, em especial se apoiando na compreensão de seus eleitores. Por fim, o Réquiem da Desesperança procura dar visibilidade às formas de luta e resistência emergentes que eclodem por todos os lados, apontando um Brasil que, apesar de seu passado e seu presente autoritários, não se cansa de tentar reinventar um futuro de amor e solidariedade.

---

5. Você pode acessar o site no seguinte link: <http://rosanapinheiromachado.com.br/pt/inicio/>.

PRELÚDIO

A FRAQUEJADA DO TOURO

O touro, esculpido em 3,5 toneladas de cobre, situado nas proximidades de Wall Street, em Nova York, simboliza a vitalidade – mas também a vaidade e a virilidade – do mercado financeiro norte-americano. Esses atributos, contudo, foram colocados à prova após 2007, em uma das maiores crises econômicas da história globalizada. No início concentrado no setor imobiliário na Califórnia, não demorou para que o caos se espalhasse por todo o sistema financeiro dos Estados Unidos, da Europa e pelas demais redes do capital interconectado. Se a crise foi sistêmica, seus desdobramentos também foram. A tensão surgiu na zona de mercado e se alastrou para a esfera política. Uma fratura foi aberta na estrutura global, produzindo um abalo sísmico no mundo para muito além da economia.

Não penso que todas as transformações que ocorreram recentemente no mundo sejam decorrência direta da crise financeira, mas sem dúvida se trata de um marco crucial, porque a partir dela foi disparado um alerta: poucos estavam felizes com o neoliberalismo e com a corrupta relação entre Estados e corporações. Poucos estavam felizes com a globalização e com a democracia tais quais elas se apresentavam. Poucos ficaram satisfeitos com a solução encontrada para a crise: a política de austeridade. Das primaveras de ocupações à ascensão da extrema-direita, as respostas políticas e econômicas para essa insatisfação generalizada foram extremas, e *não houve um vencedor único; ainda há muito em disputa no mundo hoje.*

O colapso econômico ajudou a impulsionar a explosão de ocupações e protestos em massa no mundo todo. Muito se fala do crescimento do populismo autoritário em escala global, e não poderia ser diferente: é estarrecedor constatar que alguns fantasmas, que pareciam ter sido varridos da história, tenham voltado a assombrar. É bastante comum ouvir interpretações que sugerem que a ascensão da extrema-direita é decorrência direta dessas manifestações, acusadas de não ter foco. Mas é também preciso olhar para as formas de luta que eclodiram pós-crise. Nessa primavera global de protestos, foi forjada na rua uma nova geração, que busca, na atuação microscópica e na ação direta, o afeto radical, a criatividade política e a horizontalidade.

Primaveras

A primeira grande reação à crise do neoliberalismo veio da esquerda, na forma de grandes manifestações que reinventaram o mundo nos protestos, dando origem às ocupações. O gatilho foi disparado em 2011, quando o vendedor ambulante Mohamed Bouazizi se suicidou ao colocar fogo em si mesmo para contestar as autoridades que confiscaram os produtos que sua família vendia na Tunísia. Impulsionada pelo uso das redes sociais, a onda de revolta se espalhou pelo mundo árabe em protestos contra a corrupção e o autoritarismo e pedindo por mais democracia. No Egito, estima-se que de uma a três centenas de milhares de manifestantes tenham ocupado a praça Tahrir por dezoito dias até derrubarem o presidente Hosni Mubarak – o que foi seguido por um golpe de Estado em 2013. Para além da grandiosidade do que se construiu na praça, vale notar o que a antropóloga Lila Abu-Lughod[6] relatou à época sobre o impacto dos acontecimentos do Cairo nos pequenos vilarejos. Em localidades afastadas da capital, vizinhos e famílias se reúnem nas casas para discutir problemas da comunidade e contestar a brutalidade policial.

Pelas redes sociais, as imagens da Primavera Árabe se espalhavam rapidamente em um mundo em crise, fomentando aquilo que o sociólogo Manuel Castells[7] chamou de rede de esperança e encorajamento. É a sensação de romper com a paralisia do cotidiano, canalizar a insatisfação e achar os pares *da* e *na* indignação. Ainda em 2011, diversos protestos ocorreram em países europeus, como Grécia, Islândia e Portugal, todos com foco antiausteridade. Na Espanha, os Indignados ocuparam a praça Puerta del Sol em Madrid e as ruas de diversas cidades, demonstrando insatisfação com a democracia representativa, a política institucional e a crise econômica. Em um momento de aumento do desemprego, o movimento Occupy Wall Street se espalhou por todos os Estados Unidos por meio de manifestações contra a austeridade e em defesa da democracia real, cujo slogan "Nós somos os 99%" fazia referência à crescente desigualdade de distribuição de renda no país, a favor dos cidadãos mais ricos (o "1%").[8]

A onda de contágio teve grande impacto da Ásia às Américas, em diferentes temporalidades. Em 2011, na China, manifestantes se reuniram em Pequim e Xangai para reivindicar maior democracia. No Brasil, o ciclo de protestos explodiu em 2013, reunindo pautas contra a deterioração do transporte público, a corrupção e

---

6. ABU-LUGHOD, Lila Ila. "Living the 'revolution' in an Egyptian village: Moral action in a national space." *American Ethnologist* 39.1 (2012): 21-25.
7. CASTELLS, Manuel. *Redes de indignação e esperança*: movimentos sociais na era da internet. Rio de Janeiro: Zahar, 2017.
8. GOHN, Maria da Graça. *Manifestações de Junho de 2014 no Brasil e praças dos indignados no mundo*. Rio de Janeiro: Editora Vozes, 2014.

os abusos da Copa do Mundo. Em Hong Kong, o Movimento dos Guarda-Chuvas eclodiu em 2014, contra interferências do Partido Comunista nos rumos políticos da região autônoma. O ciclo de insurgência de Hong Kong é interessante, pois voltou com força em 2019, colocando 20% da população (cerca de 2 milhões de pessoas) nas ruas contra a lei que previa extraditar fugitivos para territórios com os quais não se tinha acordo.

O que existe em comum entre essas primaveras, que inauguram os chamados novíssimos movimentos sociais? O pavio se acendeu por todo o globo, o que só foi possível porque a internet chegou a um ponto de maturidade técnica que permitiu que isso acontecesse antes de se fechar nos chamados "filtros-bolha". Também não é errado dizer que, na estrutura, grande parte dos protestos deriva da dupla constituição da crise do neoliberalismo do século XXI, que é econômica e política ao mesmo tempo. A austeridade castiga o dia a dia e a democracia é sequestrada pelos interesses das grandes corporações. Os Estados passam a ser um braço gestor do mercado financeiro global, com poucas possibilidades de agir no âmbito social. Em *The Mask and the Flag* [A máscara e a bandeira], o sociólogo Paolo Gerbaudo aponta que essa onda de protestos à esquerda, sobretudo, era antissistêmica, com amplo apelo populista ao lema do "contra tudo que está aí".

Os protestos da virada do milênio por justiça mundial e contra a globalização corporativa que ocorreram em várias cidades do mundo, como no encontro da Organização Mundial do Comércio (OMC) em Seattle, em 1999, eram, em essência, transnacionais. A diferença para esse novo ciclo de insurgências no século XXI é que o mais recente manifesta um forte componente de indignação *nacional*:[9] são a democracia, a transparência e o bem-estar dos habitantes de cada país que estão sendo reivindicados contra o capital

---

9. DELLA PORTA, D.; MATTONI, A. *Spreading Protests:* Social Movements in Times of Crisis. Colchester: ECPR Press, 2014.

financeiro global, que apenas atua para a sua própria reprodução. (A propósito, é a extrema-direita quem saberá ler e aproveitar, de forma oportunista, essa dimensão nacional, bem como a insatisfação generalizada contra a globalização.)

A característica mais marcante nos novíssimos movimentos sociais é a sua própria *lógica de lutas prefigurativa* – tema que considero fundamental para entender as formas de se fazer política entre as novas gerações no Brasil e no mundo no século XXI.

Nas ocupações de cidades como Nova York e Madrid, uma constelação de coletivos e de indivíduos se agrupava e recriava – no aqui e agora – um novo mundo de democracia radical pautado pela horizontalidade e descentralização. Prefiguração é o entendimento de que as lutas não podem reproduzir internamente as hierarquias que tentam combater. Os movimentos, assim, precisam ser um retrato da sociedade que querem construir. Isso significa não postergar nossos sonhos de uma sociedade melhor, mas colocá-los em prática no cotidiano da luta, reinventando os sentidos do bem comum e do coletivo. Para o filósofo Richard Day, os novíssimos movimentos sociais buscam romper com a distância que nos separa de nosso desejo por equidade social, cruzar a linha da fantasia que nunca se realiza e da emancipação que nunca chega.[10]

É comum ouvir que os movimentos sociais antissistêmicos não têm foco ou demanda clara. Mas talvez uma das grandes incompreensões que existem sobre o tema seja o fato de que os protestos não são um meio, mas um fim em si mesmo. Ou seja, o mais importante era o fato de as pessoas estarem juntas e experimentarem um mundo novo. A natureza radicalmente democrática dos protestos seria uma antítese da natureza desagregadora do trabalho no neoliberalismo, em que o trabalhador muitas vezes tem uma rotina repetitiva, exaustiva e solitária. Por isso, haveria necessidade de forjar uma sociabilidade reversa nos acampamentos.[11] Assim, as

---

10. DAY, Richard J. F. "From Hegemony to Affinity: The political Logic of the Newest Social Movements." *Cultural Studies* 18.5 (2004): 716-748.
11. Este argumento aparece no livro: DELLA PORTA, D. *Social Movements in Times of*

ocupações urbanas procuravam virar do avesso o individualismo e a chamada racionalidade neoliberal que imperam em nosso cotidiano: eram um basta à indiferença das multidões anônimas das cidades.

Como disse Judith Butler em *Corpos em aliança e a política das ruas*, essa inversão da ordem e da legitimidade do Estado ocorre por meio da aliança de indivíduos precários e vulneráveis que se expõem, persistem e amparam uns aos outros para resistir. Nas ocupações e nas assembleias, questionam-se os regimes políticos, repensa-se a função do espaço público – assumindo o controle sobre ele –, recria-se o senso do comum e reinventa-se uma possibilidade completamente radical e democrática de se viver o coletivo.

As ocupações, desse modo, criaram um senso de se estar junto, o elemento fundamental para superar sentimentos individuais como o medo. Elas reinvindicaram o direito à cidade cada vez mais privatizada, segregada e alienante. Uma vez criada a comunidade nos acampamentos, buscava-se formar um espaço político livre e soberano para a deliberação democrática. A preferência pela rede horizontal no lugar da organização hierárquica era um compromisso com uma noção de democracia: buscava-se sempre que todos os participantes tivessem o mesmo direito de falar e se manifestar.[12]

As ocupações produziam também diversas formas de divertimento, arte e cultura que criavam espaços de trocas e momentos de prazer. A criatividade é uma dimensão fundamental nessas formas de protesto, porque os movimentos buscam justamente criar um mundo novo, e para isso é preciso alguma dose de imaginação, sonho e devaneio.

O tema da alienação foi chave na sociologia do final do século XIX. Karl Marx (1818-1883) e Émile Durkheim (1858-1917), com suas diferenças teóricas e políticas, concordavam que a modernidade e o capitalismo resultavam na produção de sujeitos em sofri-

---

Austerity: Bringing Capitalism Back into Protest Analysis. Nova Jersey: John Wiley & Sons, 2015.
12. CALHOUN, Craig. "Occupy Wall Street in Perspective." *British Journal of Sociology* 64.1 (2013): 26-38.

mento, perdidos e/ou destituídos de sua humanidade. Marx, em particular, entendia que, no capitalismo, o indivíduo é despossuído de seu ser, estranho a si mesmo, e vai contra seus próprios desejos: a personalidade é desmembrada, a consciência é desumanizada, a condição de classe é dessocializada e a vida torna-se entretida pelos apelos mágicos das mercadorias.

Pode-se dizer que romper com a rotina alienada e reconciliar-se com nossa humanidade e com os sentidos de uma sociedade "comum" é o objetivo maior dos novíssimos movimentos sociais. Em uma famosa passagem de A ideologia alemã, Marx diz que cooperação e liberdade andariam juntas em uma sociedade utópica na qual seria possível caçar pela manhã, pescar à tarde e ser crítico literário à noite, sem se tornar nem um caçador, nem um pescador nem um crítico. Nas ocupações, estar junto, compartilhar da comida, dos medicamentos, das tarefas diárias e das deliberações é o próprio desejo por agregação sendo colocado em prática e vivido muitas vezes como um fim em si mesmo. Mais do que isso, diferentes pessoas exercem diferentes papéis ao mesmo tempo, o que rompe com o caráter alienante da especialização do trabalho.

Por essas razões, muitos relatos de Wall Street, do Cairo e, anos depois, das ocupações secundaristas no Brasil, em 2016, apontam que o ato de desocupar era dramático. Uma pesquisa[13] sobre escolas em Santa Maria, no Rio Grande do Sul, relata que os estudantes tinham dificuldades de dormir e ficar sozinhos depois de desocupar. Como separar os corpos? Como voltar ao desalento da rotina mecânica, enfadonha e desagregadora?

O aprendizado político que se tem nas ocupações é corporal, visceral. O corpo mergulha em uma nova possibilidade de existir coletivamente. O efeito disso não é imediato. O ponto a que quero chegar neste capítulo é o de que esses grandes momentos de efervescência coletiva não se dissipam nas ocupações: eles movem mundos, abalam estruturas e transformam gerações inteiras.

13. Dissertação de mestrado defendida no Programa de Pós-Graduação em Ciências Sociais da Universidade Federal de Santa Maria (UFSM), 2018.

As peças do mundo afrouxaram

A extrema-direita que se organiza após a crise de 2008 não é consequência direta da primavera de protestos. Ela já vinha se articulando com maior força desde os anos 2000, e a crise foi a oportunidade perfeita para ganhar espaço. As ocupações ajudaram a ecoar um sentimento generalizado antissistêmico contra uma forma de globalização que penalizava os "99%". No mundo todo, e não foi diferente no Brasil, a nova direita surfou na insatisfação latente, direcionando-a e organizando-a para o lado do autoritarismo e do conservadorismo. A direita soube canalizar a revolta melhor do que a esquerda, e um dos motivos pelos quais isso tem ocorrido é que ela chega à disputa com um arsenal de recursos financeiros e tecnológicos muitas vezes inescrupulosos, como a máquina de *fake news* da Cambridge Analytica, empresa de Steve Bannon que desempenhou um papel decisivo no Brexit, na Inglaterra, e na eleição de Donald Trump, nos Estados Unidos.

Hoje, há uma tendência de ler o mundo como se houvesse apenas um ganhador, o vencedor das eleições, mas essa é uma forma binária de se compreender as coisas. O assassinato brutal de uma mulher negra, como Marielle Franco, e a eleição de um admirador da ditadura, como Jair Bolsonaro, são exemplos extremados dessa correlação de forças antagônicas. No entanto, também é importante lembrar que a morte de Marielle gerou um levante de solidariedade global e a possibilidade de se eleger um número maior de parlamentares negras nas eleições de 2018. Muitas forças políticas estão coexistindo, disputando e ganhando espaço atualmente. Os novíssimos movimentos sociais, em grande parte, continuam sendo impulsionados pelas redes sociais e atuam pela lógica de lutas que ganharam força a partir da primavera global de protestos: micropolítica, criatividade, descentralização e afeto radical. As ocupações acabaram, mas o seu legado não.

A primavera de protestos não tinha como pauta primordial causas das minorias, mas, ao buscar democracia radical nas suas formas de luta cotidianas, esse foi um resultado natural. Da Argentina à Coreia do Norte, passando por Moçambique, nunca antes na história da humanidade houve tantas novas gerações de meninas feministas. Essa é uma vitória importantíssima a ser contada no século XXI. Se a extrema-direita ganhou as eleições em diversos países do mundo, as feministas, os movimentos LGBTQI+ e antirracistas e tantas outras formas de luta contra a opressão também têm movido montanhas. Entretanto, mesmo dentro do campo progressista, não são todos que têm interesse em perceber as vitórias das minorias.

Se há uma linha argumentativa consistente neste livro é a certeza de que as consequências tanto da crise quanto dos movimentos antissistêmicos são complexas e não lineares. Desde a fraquejada do touro, a direita encontrou uma oportunidade de se articular e se perpetuar. Todavia, há também em diversos países uma nova geração, muito mais progressista que a anterior, que pode ajudar a cavar o caminho de volta do buraco em que nos enfiamos. E quem sabe a gente possa chegar a um lugar melhor do que aquele em que estávamos antes da catástrofe. Essa é uma perspectiva otimista do cenário atual. E a esperança é uma escolha política, não apenas porque ela nos ajuda a suportar o terror autoritário, mas também porque nos direciona de maneira tática para o amanhã – que, esperamos, será maior e melhor.

A REVOLTA DOS 20 CENTAVOS

Me senti viva novamente.
Ativista de Porto Alegre

Caraca! A gente tá vivo, porra!
Ativista de São Paulo

Minha vida era falsa, Junho é esperança de vida.
Ativista do Rio de Janeiro

Tudo faz sentido quando estamos juntos, e a vida nunca mais será a mesma.
Ativista de Santa Maria

Muitos ativistas relataram que passaram noites sem dormir tentando digerir o que estava acontecendo no Brasil durante as Jornadas de Junho de 2013. Era uma sensação de euforia, de estar vivo, de ter acordado junto com o gigante adormecido.

Eu tirei as frases da abertura do capítulo de teses, livros e vídeos sobre as Jornadas. Em comum, elas têm a descrição do sentimento de estar vivo no coletivo, uma espécie de auge da possibilidade da existência social, de transformação, e a esperança, a sensação de que "é real, está acontecendo!". Repetindo a catarse social vivida no mundo em 1968, Junho de 2013 e seus desdobramentos mobilizaram, em muitos de seus participantes, uma espécie de "energia vital", uma força que move os corpos e a mente e dá sentido a relacionamentos entre indivíduos próximos e distantes.

Experimentar a sensação de que o nosso "eu" se funde com a multidão é um caminho sem volta. A sociologia clássica de Émile Durkheim chamaria isso de efervescência coletiva: a produção de coesão social oposta à fragmentação das sociedades atuais, que isola e divide os cidadãos. Entre o século XIX e o XX, o intelectual passou grande parte de sua vida acadêmica acreditando que protestos de massa produziam confusão e ruptura na ordem social, mas mudou de opinião conforme ele mesmo se indignava e se engajava no chamado caso Dreyfus, que versava sobre a condenação injusta de um militar judeu, polarizando a França na década de 1890. Em sua última grande obra, *As formas elementares da vida religiosa*, Durkheim descreveu mobilizações civis como uma interação responsável por produzir diversos símbolos coletivos e nacionais que são essenciais para a formação de uma sociedade unida e repleta de afeto, na qual a distância entre os indivíduos diminui. A vida econômica chata, alienante e solitária ganha outra dimensão com o enfraquecimento da banalidade cotidiana, atingindo uma espécie de ápice de nossa humanidade coletiva. Esse sentimento de *redimensionamento da vida,* que ultrapassa o individual e rompe com a alienação, é o que os ativistas de Junho de 2013 descrevem ter sentido.

A pergunta que precisa ser feita é em que medida os protestos em massa das Jornadas de Junho geraram coesão, fragmentação e transformação do coletivo. Hoje, olhando em retrospectiva para o que tem acontecido no Brasil nos últimos anos, é possível dizer que houve, ao mesmo tempo, cisão e coesão da ordem social e política.

Antecedentes

As Jornadas de Junho marcaram uma profunda transformação da sociedade brasileira. Existem muitos fatos sociais que explicam a eclosão do que foi um dos maiores ciclos de protestos da história do país. Consciente de que são inconclusivos, e que muito ainda pode ser colocado sobre a mesa, destaco a seguir cinco processos que considero fundamentais para entender o *boom* de manifestações no Brasil.

O surgimento de cidadãos que querem mais

Com uma década de governo federal do PT, o Brasil estava passando por um amplo processo de inclusão social e financeira via consumo. Na esteira de alguns teóricos[14], entendo que a ascensão econômica implica também o surgimento de pessoas mais críticas e exigentes em relação ao próprio sistema que agora estão acessando. Nesse sentido, ao contrário do que muitos acreditam, ou seja, que seria um equívoco protestar em tempos de abundância, não há uma contradição lógica no fato de que as próprias pessoas beneficiadas pela ampliação da economia brasileira estivessem aderindo às manifestações. Além disso, vale pontuar que muitos pesquisadores dos movimentos sociais argumentam que insurgências e revoluções com frequência ocorrem em tempos de estabilidade econômica e maior liberdade política, e não de repressão ou recessão. Isso porque os atores da sociedade como um todo possuem recursos econômicos e

---

14. Um bom panorama dessa discussão pode ser encontrado em CROSSLEY, Nick. *Making sense of social movements*. Londres: McGraw-Hill Education, 2002.

políticos para protestar. Essa é uma visão pragmática dos movimentos, e não leva em consideração as emoções e o imponderável das manifestações, mas é um ponto que vale analisar para desmistificar o pressuposto de que as Jornadas seriam uma contradição social, um ponto fora da curva quando o país ia muito bem.

A criação de filhos rebeldes

Graças à luta histórica dos movimentos sociais, o governo federal implementou diversas políticas públicas de inclusão, como as cotas nas universidades. O novo Brasil no qual negros, pobres e indígenas agora acessam o ensino superior promoveu um abalo nas estruturas elitistas brasileiras, impulsionando toda uma nova geração a lutar por políticas culturais, reconhecimento e identidade. Os jovens que entravam na universidade sentiam na pele que aquele lugar não estava preparado para recebê-los e mantiveram-se vinculados a coletivos e movimentos sociais por meio dos quais pudessem resistir, somar forças e multiplicar afetos. Em grande medida, essa geração crítica só emergiu na esfera pública como consequência das políticas sociais dos governos do PT. No livro *Tem saída? Ensaios críticos sobre o Brasil*, a filósofa Tatiana Roque pontua que um dos grandes erros do PT foi ter condenado a multidão que foi para as ruas pedir por mais democracia. Essa multidão crítica seria o mais bem-acabado produto do ciclo petista. Ao invés de abraçar e acolher seu filho rebelde, a escolha política do PT foi a negação: os manifestantes eram coxinhas; a nova classe C, ingrata.

A esperança precária

O lulismo, batizado assim pelo cientista político André Singer, foi marcado por avanços em muitas áreas, em especial no combate à extrema pobreza. Mas, do mesmo modo, essa foi uma fase definida pela adoção de uma política de inclusão econômica que foi privilegiada em relação ao cuidado dos bens públicos. A economia brasileira estava crescendo, havia mobilidade social, a fome estava sendo eliminada e o desemprego caía. Tudo isso era muito promissor, e não é errado falar que o lulismo foi uma era de muita esperança. Mas havia contradições sociais e lacunas democráticas deixadas pelo caminho. Também havia frustração. O cotidiano de uma grande parte da população que dependia de transporte e saúde públicos, por exemplo, continuava permeado pela precariedade e pela vulnerabilidade. Os preços das passagens de ônibus são uma boa metáfora dos obstáculos de mobilidade enfrentados pelas classes mais desfavorecidas. Não foi só por 20 centavos: foi também um grito pela melhoria dos bens públicos, que são o termômetro de uma sociedade democrática. Tudo isso em meio aos preparativos da Copa do Mundo, que coroaria a imagem do Brasil como uma economia emergente no sistema mundial. No entanto, foi essa mesma Copa que escancarou a permanente violência do Estado contra as populações mais vulneráveis e sua relação promíscua com grandes corporações em acordos e licitações.

Os órfãos da governabilidade

Já se sabia que nem toda a população brasileira iria aceitar os avanços sociais a qualquer custo, em especial vindos de um governo que teve como bandeira histórica a luta contra a corrupção. Após os escândalos do mensalão e a guinada lulista pela governabilidade, uma grande parte dos apoiadores petistas ficou à deriva. Alguns agiram como traídos: sentiram raiva, abandonaram o interesse político e mudaram de partido ou mesmo de lado ideológico. Mas, principalmente, o que houve no Brasil foi a ascensão de uma geração jovem que não conheceu o passado petista e que cresceu em uma era em que o PT simbolizava ordem, *establishment*, governo de coalizão. Essa geração foi para as ruas em junho de 2016, nas ocupações secundaristas, mas não defendeu Dilma Rousseff com unhas e dentes. Segundo uma pesquisa da Fundação Friedrich Ebert[15]

---

15. SOLANO, Esther; ORTELLADO, Pablo; MORETTO, Marcio. "2016: o ano da polarização". *Friedrich Ebert Stifung Brasil-Análise* 22 (2017).

conduzida na marcha da maconha e nos atos estudantis do mesmo ano, os jovens demonstravam descrença generalizada nas instituições, achavam o PT corrupto (mas o impeachment injusto) e consideravam que os movimentos sociais deveriam ser autônomos em relação a partidos. Os estudantes não fizeram uma defesa aguerrida do governo do PT, e não por falta de capacitação política, mas porque a identidade política formada em torno do petismo é peculiar a uma geração mais velha. O jogo da governabilidade e o fato de ser parte do sistema eram frustrantes para os jovens.

O recalque das elites

Entendo Junho de 2013 como manifestações populares e, portanto, bastante diferentes dos protestos pró-impeachment que começaram em 2014, os quais foram arquitetados por um projeto das elites econômicas e políticas, tendo a operação Lava Jato como um elemnto central de mobilização popular. Mas é fato que as manifestações do dia 20 de junho de 2013 nas grandes capitais atraíram os grupos nacionalistas antipetistas. O Brasil estava iniciando uma profunda transformação em termos de mobilidade, distribuição de renda e inclusão social e financeira. Lentamente, iniciava-se um processo de *insubordinação* das camadas populares, que cada vez mais tinham acesso a aspectos e ambientes da vida econômica e social que lhes eram negados antes. Num país de cultura servil como o Brasil, isso se tornou uma afronta. Os lucros dos bancos continuavam exorbitantes e a economia crescia para todos, mas as elites e as camadas médias se viam perdendo privilégios. O poder sobre o qual o Brasil se estruturara por cinco séculos estava sendo minimamente ameaçado, e isso já era demais. Esse recalque reprimido começou a sair do armário em Junho de 2013.

O gigante acordou

Chegamos às Jornadas de Junho. Existem muitas interpretações em disputa sobre esse momento da história recente. Uma delas, amplamente compartilhada entre a esquerda hoje, é a versão "golpista". Os protestos, sem foco e sem liderança partidária, seriam a *causa* do golpe que levou ao impeachment da presidenta Dilma Rousseff e à ascensão da extrema-direita no Brasil. Em minha visão, essa linha de pensamento comete um erro de diagnóstico, que é o de interpretar as Jornadas pelo que ocorreu no dia 20 de junho em São Paulo, quando o Brasil todo marchou junto, ignorando outros antecedentes e os desdobramentos das manifestações. A outra versão – com a qual eu me alinho – pensa as Jornadas como uma continuidade histórica das lutas anarquistas e autonomistas da virada do século XX no mundo todo e, sobretudo, dos protestos pelo transporte público que vinham acontecendo no Brasil, como a Revolta do Buzu, que ocorrera em Salvador contra o reajuste da passagem em 2003.

As Jornadas de Junho foram as maiores marchas da história do país. Com variações locais, as multidões reivindicavam melhores bens públicos e se colocavam contra os abusos corporativos e a violência de Estado praticada em função da Copa do Mundo que aconteceria em 2014. Os protestos, em última instância, eram por mais democracia e contra o neoliberalismo.

Um olhar mais generoso sobre Junho de 2013 requer entendê-lo, de fato, como *jornadas*, como um processo que não começou e nem terminou em um dia. Para tanto, precisamos descentralizar a narrativa, retirando o foco de São Paulo. Apesar da inegável importância pragmática e simbólica da cidade, em função da multidão que reuniu e da repercussão que angariou, é fundamental olhar para o que ocorreu noutras capitais. Isso ajuda a não cair na fácil armadilha de pensar as manifestações como uma grande revelação, uma marcha sem foco, um monstro disforme que reúne multidões festivas e despolitizadas.

De 13 a 20 de junho, sob uma forte repressão policial, milhares de pessoas protestaram em Maceió, Salvador, Recife, Belo Horizonte, Cuiabá e muitas outras capitais. Em Belém, por exemplo, estudantes levavam bandeiras feministas e LGBTQI+. Manifestantes pediam por mais segurança para pedalar nas ruas e também protestavam contra a construção da Usina de Belo Monte.

Porto Alegre e Rio de Janeiro são bons exemplos para ampliar as narrativas. A capital gaúcha começou suas jornadas em janeiro, quando a prefeitura anunciou o aumento da passagem de ônibus, que subiria de R$ 2,85 para R$ 3,05. Coletivos anarquistas, como o Bloco de Lutas, sindicatos e partidos políticos de esquerda (PSOL, PSTU e PT) começaram a marchar juntos desde então. Os vereadores do PSOL à época, Pedro Ruas e Fernanda Melchionna, entraram na Justiça contra o aumento – e venceram. Foi uma vitória histórica que levou milhares de pessoas, sob chuva torrencial, às ruas no mês de abril para comemorar. Quando o Movimento Passe Livre (MPL) começou a puxar as marchas contra o aumento em São Paulo, uma enorme faixa na vanguarda dizia: "Nós vamos repetir Porto Alegre". Mas os protestos não pararam na capital gaúcha, e, em maio, as ruas estavam tomadas contra o corte de árvores que estava ocorrendo em função das obras da Copa do Mundo, da qual Porto Alegre era uma das sedes.

A cidade do Rio de Janeiro apresentou um cenário mais radical, e talvez mais completo, em seu ciclo de vida. O forte impacto das obras da Copa do Mundo nas comunidades mais vulneráveis impulsionou a organização de coletivos de luta pela moradia e pelo direito à cidade. Em março, circulavam no mundo todo as imagens da Polícia Militar retirando com brutalidade os indígenas da Aldeia Maracanã, área que seria remodelada para a Copa. Não poderia haver um retrato mais representativo da violência que os megaeventos, inflados por obras superfaturadas e corrupção corporativa e política, provocam contra as populações mais vulneráveis. Os famosos cartazes "Queremos hospitais padrão FIFA", logo apropriados pelas elites para atacar o PT, contestavam, em sua origem, o abandono público em privilégio do privado.

Foi também no Rio de Janeiro que o autoritarismo, a violência de Estado e o seletivismo penal demonstraram sua face mais perversa. No dia 20 de junho, o jovem negro e catador de recicláveis Rafael Braga foi detido pela polícia e condenado na Justiça por carregar um desinfetante na mochila, o qual foi associado a uma arma de protesto, como o coquetel molotov. Além de Rafael Braga, 23 ativistas foram perseguidos e condenados por associação criminosa armada.

Em meio à brutalidade policial, no Rio de Janeiro também se produziu uma das fotos mais poderosas da história das manifestações brasileiras, quando 1 milhão de pessoas ocuparam a Cinelândia no dia 17 de junho. Só que, na capital fluminense, as manifestações não acabaram em 20 de junho, se estendendo até o final da Copa, de forma mais radical à esquerda, ainda que em menor grupo. Por toda essa extensão de eventos, é importante usar o termo *Jornadas de Junho*, uma vez que ele abarca um ciclo de manifestações radicais que não terminou em 2013.

Vale também lembrar o que aconteceu fora das ruas das grandes cidades e entender como as manifestações foram localmente apropriadas para expressar indignações singulares. Em um pequeno município na Bahia, a população local foi às ruas para pedir por um posto de saúde e contestar a violência policial.[16] Um caso muito interessante aconteceu na cidade de Santa Maria, que teve a maior manifestação de sua história, segundo acreditam os participantes. A população não pedia redução do valor da passagem, tampouco era afetada pelas obras da Copa do Mundo: o protesto era em essência um grito por justiça pelas cerca de 250 mortes e 680 pessoas feridas no incêndio da boate Kiss, ocorrido em janeiro daquele ano. Era contra a relação entre autoridades e empresários, que permitira à casa operar fora dos padrões de segurança. Quem era responsável e quem deveria ser punido por aquela tragédia? No junho santama-

---

16. SPYER, Juliano. *Mídias sociais no Brasil emergente*. São Paulo: Editora da PUC, 2017.

riense, assim como na luta contra o aumento da passagem ou contra as licitações superfaturadas da Copa, também havia uma revolta contra a promiscuidade presente na burocracia, nas licenças e nas regulamentações entre agentes do Estado e do mercado, a qual culminava em uma forma de violência institucional.

Nas redes sociais, o Brasil estreava a era do ativismo on-line. Os filtros-bolha do Facebook, por exemplo, operavam de forma muito menos restritiva do que hoje. As imagens dos protestos no mundo todo circulavam e inspiravam amplamente. Em 2013, eu morava fora do Brasil e me lembro do impacto que as imagens das manifestações de Porto Alegre tiveram sobre mim. Era como se elas me dissessem para voltar e me juntar às pessoas na rua. Essas imagens, por sua vez, repetiam a estética da praça Tahrir: fotos noturnas, com tom amarelado, mostravam jovens escondendo seus rostos com bandanas. Uma nova estética e ética de protesto se popularizava. Mas, para além dessas imagens das ruas, manifestações feitas apenas on-line e via uso de *hashtags* também cresciam em escalada em 2013, quando as pessoas protestavam contra a PEC 37, que reforçava o poder exclusivo da polícia nas investigações penais, contra o Projeto de Lei da cura gay, que avançava na Câmara, e a respeito do caso de Amarildo Dias de Souza, um ajudante de pedreiro que desapareceu em 14 de julho de 2013, após ter sido detido por policiais (#CadêOAmarildo?).

Do punitivismo que condenava Rafael Braga ao conservadorismo moral da cura gay, todos os grandes temas presentes em Junho de 2013 eram, sobretudo, lutas contra pautas que hoje são legitimadas pela extrema-direita que está poder. As jornadas não foram a causa da tragédia nacional. Ao contrário, elas traziam reivindicações essencialmente antiautoritárias.

"Amanhã vai ser maior", diziam os cartazes. São Paulo, sofrendo com o aumento de 20 centavos na passagem dos transportes, teve o ciclo de manifestações mais intenso do Brasil, puxado em especial pelo MPL. As passeatas de 6 a 13 de junho contaram com forte violência policial. Quando a própria mídia hegemônica começou a sofrer com a repressão da polícia, como no caso da repórter Giuliana Vallone, da *Folha de S.Paulo*, que foi atingida no olho por uma bala de borracha, e viu uma oportunidade para sugerir suas próprias pautas, passou a denunciar a brutalidade do controle e a apoiar as manifestações, o que chamou ainda mais gente para as ruas. A repressão policial gerou comoção e foi mais uma fagulha em um país já em chamas. Os grandes atos dos dias 17 e 20 de junho reuniram milhões de pessoas no Brasil, e, nesses dias, também se produziu a simbólica imagem da população ocupando o Congresso em Brasília. A explosão de passeatas no âmbito nacional acontecia por uma onda de inspiração e ia se metamorfoseando conforme os diferentes contextos locais.

O dia 20 de junho foi único em nossa história. O apoio da Globo, a mensagem de *apartidarismo* (que foi mal interpretada como *antipartidarismo*) e a possibilidade de ler aquelas manifestações como uma crítica pura e simples à corrupção do governo do PT constituíram uma janela de oportunidades para as elites se apropriarem das ruas (e inclusive do slogan "Vem pra rua", em princípio usado por grupos de esquerda). O dia 20 foi, talvez, o último dia do resto de nossas vidas em que os polos antagônicos marcharam juntos.

Além do encontro de muitas pautas, Junho de 2013 foi também a união de corpos nas ruas e um aprendizado prático de como se manifestar, on-line e off-line, para toda uma nova geração que cresceu na era democrática. Nós podemos não estar felizes com alguns dos desdobramentos políticos imprevisíveis desse intenso ciclo de erupção social. Todavia, os exemplos recém-citados são importantes para pensar as Jornadas como um ciclo de revolta popular e radical à esquerda. Sem romantizar e cair na melancolia *à la* esquerda nostálgica de 1968, que parece não superar a energia vital sentida naquela época, nós também podemos e devemos discutir muitas outras questões. Em que medida as Jornadas contribuíram para a transformação do Brasil em ambos os lados do espectro ideológico? A falta de liderança imediatamente identificável trouxe problemas na hora de pleitear e negociar as demandas com as autoridades? Quais as implicações de a mensagem do apartidarismo ter sido confundida com antipartidarismo? O que nós não podemos, contudo, é apenas comprar a tese simplista que acaba a discussão rechaçando Junho de 2013 como "marchas coxinhas que produziram o golpe", porque isso é nada mais, nada menos do que uma injustiça histórica.

A sequência de eventos citados colabora para refutar a ingênua hipótese e o autoengano daqueles que acreditam que Junho de 2013 poderia simplesmente ter sido evitado. Não poderia, porque o país estava em ebulição em todos os cantos. Havia uma potência insurgente que era, em essência, progressista e democrática, gerada em alguma medida, como já apontei, pelas próprias conquistas recentes do país. É uma trágica ironia que o Brasil tenha virado o jogo justamente para o campo autoritário.

Desdobramentos

Junho de 2013 teve um efeito revolucionário na sociedade brasileira. E estou consciente do quanto essa frase pode soar descabida e exagerada. No entanto, a ideia faz mais sentido se olharmos para esse momento histórico com lentes antropológicas, pelas quais revolução significa mudança da estrutura social. Grandes eventos rituais, como manifestações, rompem a ordem cotidiana e podem inverter a estrutura de poder por um tempo, mas na maioria das vezes apenas reforçam o retorno à própria estrutura, à normalidade. Porém, nada voltou ao lugar após as Jornadas, porque as bases da transformação social já estavam se alterando. Junho foi um incentivador e inaugurou – como uma espécie de marco, e não como uma causa direta – um tempo longo de limbo, definido por polarização, confusão e sofrimento social.

Depois da efervescência coletiva, as peças do sistema ficaram soltas. A esquerda recuou. A direita avançou, abocanhou e ganhou de lavada. O MPL decidiu não chamar mais atos depois da apropriação dos protestos do dia 20. Seja no nível municipal de São

Paulo, então governada por Fernando Haddad, seja no nível federal, o PT não leu o diagnóstico que lhe estava sendo dado, optando majoritariamente pela tese negacionista: marchas coxinhas, marchas golpistas. Em rede nacional, no dia 21 de junho, a presidenta Dilma Rousseff reforçou a discurso da lei e da ordem, ressaltando a natureza desordeira das manifestações. Nesse mesmo pronunciamento, ela prometeu mais educação e saúde, o que reafirmou em sua campanha para a reeleição. Com uma vitória apertada, Dilma não tardou em adotar uma agenda contrária, em direção a mais austeridade, convidando Joaquim Levy, nome proposto por seu oponente Aécio Neves (PSDB), para o Ministério da Fazenda.

De Junho de 2013 até a Copa do Mundo, a postura do governo federal, em aliança com os estados-sede, foi de garantir a lei e a ordem para que o megaevento esportivo ocorresse de maneira perfeita e coroasse a sua imagem de potência emergente para o mundo todo, inclusive lançando mão da Lei Antiterrorismo. A repressão policial foi a tônica dos protestos do movimento #NãoVaiTerCopa até o desastre do 7×1. Em fase de projeção do Brasil ao mundo como potência emergente, a esquerda hegemônica partidária insistia em rechaçar os protestos: esqueçamos as remoções violentas, os acordos políticos para garantir a governabilidade e Belo Monte. Para que questionar os rumos agora que as coisas estão indo tão bem?

Como apontei ao longo deste capítulo, as elites brasileiras, de forma oportunista, apropriaram-se das manifestações e, acima de tudo, da bandeira da corrupção, moralizando-a e esvaziando seu sentido político-econômico. Depois disso, souberam ler que havia margem para continuar a pressão, em especial após a vitória apertada de Dilma Rousseff. De 2014 a 2016, houve um acordo precário entre as forças de uma "antiga" direita e a extrema-direita – até que a segunda engoliu a primeira – para retirar o PT do poder "num grande acordo nacional". A crise política já estava instaurada, e a econômica veio logo depois para coroar a razão golpista.

Nas linhas anteriores, escrevi que a esquerda e o PT negaram Junho de 2013 e recuaram em suas promessas. Mas, ao contrário do que diz o bordão, a culpa não foi do PT. É importante apontar os possíveis erros de rumo, mas é difícil afirmar que se o PT tivesse agido de outra forma alguma coisa poderia ter sido diferente no trágico destino que nos levou a 2016, com o impeachment de Dilma, e a 2018, com a prisão de Lula e a eleição de Bolsonaro. Afinal, o que ocorreu foi a articulação das elites políticas, financeiras e oligárquicas mais poderosas do país com seus mais obscuros desejos autoritários.

Após 2013, o país rachou ao meio.

Junho provocou ao mesmo tempo cisão e coesão do tecido social. A ruptura pode ser perfeitamente vista em um gráfico produzido pelo projeto Monitor do Debate Político no Meio Digital, coordenado pelos pesquisadores Márcio Moretto e Pablo Ortellado. A imagem, que analisa as interações entre as principais páginas políticas do Facebook, mostra que diferentes forças estavam próximas em Junho de 2013. Durante o processo do impeachment, em 2016, eles produziram outro gráfico que mostrava dois polos, azul e vermelho, radicalmente apartados.

Sabemos que essa polarização teve custos altos para a sociedade brasileira, abriu feridas e impactou de forma dramática nossas relações pessoais e familiares. O lado que hoje está no poder é justamente aquele que se sentiu autorizado, sem constrangimento, a falar e praticar seu rancor, preconceito e violência contra as mulheres, as pessoas negras, os indígenas e os LGBTQI+s. Por outro lado, essa talvez seja também uma oportunidade de romper de forma definitiva com a falsa imagem de um país cortês no qual imperam a democracia racial e a harmonia popular. Nunca imperaram.

Mas o pós-Junho de 2013 também trouxe um legado importante ao Brasil: uma onda de ocupações estudantis, a multiplicação de coletivos descentralizados e a explosão do ativismo feminista, LGBTQI+s e antirracista nas gerações mais novas. As ocupações secundaristas de 2016 foram "a primeira flor de Junho".[17] Essas novas manifestações foram uma continuidade, mas também um avanço mais bem-acabado

---

17. CAMPOS, Antonia Malta; MEDEIROS, Jonas; RIBEIRO, Márcio Moretto. *Escolas de luta*. São Paulo: Veneta, 2016.

das Jornadas, uma vez que o movimento reunia as duas principais "reivindicações" de Junho de 2013: uma crítica da representação, decorrente da crise de legitimidade do sistema político, e a defesa dos direitos sociais. Os autores de *Escolas de luta*, que escreveram o livro no calor dos acontecimentos, lançaram uma aposta: muitos frutos tardios ainda estão por vir. E eu acredito que esses frutos já vieram e estão espalhados por toda uma comunidade de jovens ativistas.

Comecei este capítulo falando sobre energia vital – o nascimento de novas formas de luta, afeto e solidariedade social. Os desdobramentos das Jornadas de Junho também versam sobre a vida dos que querem ter o direito de existir, sobre a vida que pulsa, resiste e combate a estética da morte bolsonarista.

A REVOLTA DO ROLÊ

No dia seguinte aos mega-atos de 20 de junho, o MPL anunciou que não convocaria novos protestos, em parte porque havia ganhado a batalha do aumento, em parte porque estava assustado com o gigante que atraíra manifestantes antipartidários, ou melhor, antipetistas. Já não se tinha qualquer controle sobre os rumos das multidões e era preciso colocar um ponto-final. Da energia despendida em uma catarse nacional, caiu-se bruscamente no vazio. Restaram muitos pontos de interrogação e a sensação de "quero mais".

Dezembro de 2013. Um grande número de jovens de bairros periféricos de São Paulo anunciou nas redes sociais que daria "um rolê" para passear, se divertir, namorar e comprar no Shopping Metrô Itaquera. Nos eventos do Facebook, milhares de pessoas confirmavam presença. Na virada para 2014, os chamados rolezinhos não paravam de crescer, espalhando a moda pelo Brasil todo. Como resposta, alguns shoppings, como o Leblon, no Rio de Janeiro, decidiram literalmente fechar as portas para os jovens, ante uma classe média aterrorizada. Em São Paulo, uma pesquisa do Datafolha feita na época apontava que 82% da população era contra os rolezinhos e 73% apoiava a atuação policial contra os rolezinhos.[18] A partir de então, iniciou-se um grande debate nacional e internacional sobre a natureza política dos rolezinhos, bem como sobre segregação de classe e raça no Brasil.

Em um Brasil recalcado que tinha recém-interrompido uma das maiores – e mais incompreensíveis – manifestações de massa de sua história, os rolezinhos despertaram grande interesse e curiosidade. Na esteira de Junho de 2013, a mídia questionava se o aglomerado de jovens tinha intenções políticas. Nas redes sociais, muitas pessoas discutiam se eles estavam protestando contra o capitalismo. Havia também a tese de que eram vândalos e delinquentes que causavam desordem. Alguns chamavam os rolezinhos de "arrastão" e perguntavam por meio de memes: "Por que eles não vão dar rolezinho numa biblioteca?". Analistas de conjuntura diziam que os rolezinhos eram o reflexo da inclusão pelo consumo, que formava uma geração despolitizada e consumista. Outros levantaram a bandeira do direito à cidade e à livre circulação da juventude negra e periférica.

No meio de tantas opiniões, eu resolvi escrever um pequeno texto sobre o tema, tentando pautar o debate público, que apontava para um desalentador desconhecimento da realidade do consumo popular. Reproduzo, abaixo, o que escrevi à época em meu Facebook, conteúdo que acabou viralizando para milhões de pessoas.

> Em 2009, eu e minha colega e amiga Lucia Scalco começamos a estudar o fenômeno dos *bondes de marca*. Como? Nós reuníamos a rapaziada, descíamos o morro e íamos juntos dar um rolê pelo shopping – o lugar preferido desses jovens da pe-

---

18. *Folha de S.Paulo*, 23 jan. 2014.

riferia de Porto Alegre. Eles nos mostravam as marcas e lojas de que gostavam. Contavam como faziam de tudo para adquirir esses bens. Havia prazer e orgulho nesse ato de descer até o shopping. Eles não queriam "assustar",[19] porque nem imaginavam que a discriminação fosse grande a ponto de causar medo. Muito pelo contrário: faziam um ritual de se vestir, usar as melhores marcas e estar dignos de transitar pelo shopping.

Uma vez um menino disse que usava as melhores roupas e marcas para ir ao shopping e ser visto como gente. Ou seja, a roupa tentava resolver uma profunda tensão relativa à maneira como sua existência era percebida. Mas, noutro canto, os donos das lojas cuidavam para ver se eles não roubavam nada. Um lojista disse à Lucia, de forma franca: "Não adianta eles se vestirem com marca e virem pagar com dinheiro. Pobre só usa dinheiro vivo. Eles chegam aqui e a gente na hora vê que é pobre". No entanto, eles acreditavam que eram os mais desejados clientes das lojas.

Um funcionário de uma famosa marca de tênis uma vez declarou para a pesquisa: "Nós nos envergonhamos desse fenômeno de apropriação da nossa marca por esses marginais". Mas os meninos nos diziam: "As marcas deveriam nos pagar para fazermos propaganda, porque nós as amamos. Sem marca, você é um lixo". Quando mostrei uma música do funk ostentação em aula, em uma faculdade de elite em Porto Alegre onde eu era professora, uma aluna rica comentou: "Quando a gente vê a figura toda montada, marca estampada, já vê que é negão favelado". Infelizmente não me surpreendeu o fato de toda a turma ter caído na gargalhada. Esse mesmo tipo de pessoa é aquele que ainda diz que é um absurdo pobre comprar televisão e celular, porque "deveria alimentar a prole" e ponto final. No programa Papai Noel dos Correios, que eu e Lucia analisamos, uma menina, a Kaiane, desafiava o seu destino: "Kirido Papai

---

19. Expressão muito usada à época dos rolezinhos, pois os jovens estariam assustando os frequentadores dos shoppings.

Noel: eu me comportei, eu passei de ano, eu cuido da minha vó, meu pai sumiu de casa. Eu só quero uma calça da Adidas!". Mas vocês podem concluir que cartas como essa são relegadas por meio de uma moralidade hipócrita. Todos os pedidos de meninas e meninos por roupas de marca eram vistos como um desaforo. Enquanto lia a carta de Kaiane, uma senhora disse: "Que absurdo! A gente dá a mão, eles já querem o braço. Por que não pede algo mais humilde, material escolar ou coisa de criança, bicicleta...?".

Tenho ficado quieta nesse caso do rolezinho porque este talvez seja o assunto mais caro à minha sensibilidade acadêmica e política. Mas penso que este tema é uma oportunidade de mostrar o que a Antropologia tem de melhor a oferecer no debate público: ouvir as pessoas.

Os rolês de jovens periféricos em templos do capitalismo são um fenômeno político que nos revela o óbvio: a segregação de classes brasileiras que grita e sangra. O ato de ir ao shopping é um ato político, uma vez que esses jovens estão se apropriando de coisas e espaços que a sociedade lhes nega no cotidiano. Há contestação política nesse evento, mas também há camadas muito mais profundas por trás disso.

Estou acompanhando os rolezinhos e me sinto contente por essa apropriação. Mas entre apropriação e resistência política há um abismo significativo. Adorar os símbolos de poder – no caso, as marcas – dificilmente remete à ideia de resistência que tanta gente procura encontrar nesse ato. O tema é complexo, não apenas porque revela a segregação de classe brasileira, mas porque aponta a tensão da desigualdade entre países desenvolvidos e em desenvolvimento, entre o Norte e o Sul globais. E enquanto esses ícones mundiais forem venerados entre os mais fracos, a liberdade nunca será plena e a pior dominação, a simbólica e ideológica, será sempre mantida.

Por isso, para entender a relação que as periferias globais têm com as marcas e os shoppings, é preciso voltar para os estudos da era colonial e pós-colonial. A apropriação de espaços-símbolos hegemônicos, passando por intelectuais como Homi Bhabha, Jean Rouch e James Ferguson, nos mostra uma permanente tensão que tenta resolver a brutal violência que está por trás desse ato de ocupar lugares e ícones das elites brancas. Meu lado otimista não nega o que esses jovens nos disseram a respeito do prazer que sentem em se vestir bem e circular pelo shopping para serem vistos. Meu lado pessimista tende a concordar com Ferguson quando diz que há menos subversão política e mais um apelo desesperado para pertencer à ordem global.[20]

O pobre no shopping repete a "mímica" a que o africanista Homi Bhabha se referia no livro *O local da cultura*. A classe média branca vê os sujeitos vestindo as mesmas marcas que ela veste (ou ainda mais caras), mas não se reconhece nos jovens cujos corpos parecem precisar ser domados. Essa classe média não se reconhece no Outro e sente um distúrbio profundo e perturbador por isso. Não adianta não gostar de ver a periferia no shopping. Se há poesia na política do rolezinho, é que ela resulta da violência estrutural: ela bate e volta. Toda essa violência cotidiana produzida em debochess e recusa do Outro e, claro, também por meio de cassetetes da polícia voltará a assombrar quando menos se esperar.

As revoltas ambíguas

Durante os rolezinhos, boa parte da mídia nacional e internacional estava desnorteada tentando captar *o* significado dos jovens nos shoppings. Com a viralização do meu texto, jornalistas me contatavam com a seguinte pergunta: "Os rolezinhos são políticos *ou* não são?". Eu respondia de forma padronizada "sim *e* não" e explicava

---

20. FERGUSON, James G. "Of Mimicry and Membership: Africans and the 'New World Society'". *Cultural Anthropology* 17.4 (2002): 551-569.

que eram manifestações juvenis ambíguas que misturavam impulso de contestação política *e* desejo capitalista hedonista. O texto que eu havia escrito nas redes queria dizer que os adolescentes estavam lá para se divertir e se sentir bem, mas que é inegável que existe uma dimensão política de contestação quando jovens vão a um lugar onde sabem que não são bem-vindos. Havia ali também, mesmo que não fosse a intenção primária, afirmação do direito à livre circulação das populações periféricas em cidades segregadas por cor e classe. Aqueles adolescentes sofriam uma violência brutal, profunda e cotidiana no simples ato de ir ao shopping, mas também encarnavam o orgulho de uma nova geração, fruto do lulismo, que não queria mais baixar a cabeça.

No outro dia, para minha frustração, eu via que os meios de comunicação haviam escolhido apenas uma parte de minha resposta – o sim *ou* o não. Metade dos veículos dizia que os jovens queriam se divertir, e não protestar. "Professora de Oxford [onde eu lecionava na época] diz que jovens só querem se divertir em rolezinhos" (*Folha de S.Paulo*).[21] A revista *The Economist*, na mesma linha, dizia: "As crianças estão bem. Jovens se reunindo em shoppings querem atenção, não mudança política".[22] Já os meios mais progressistas, como o *El País*[23] e o *Libération*,[24] noticiavam o fenômeno com expressões de luta e rebelião contra a segregação. A discrepância que existia na cobertura era em si um novo fato a ser analisado, um sintoma de uma compreensão maior acerca de novas formas de ação coletiva no século XXI.

---

21. FOLHA DE S.PAULO. *Professora de Oxford diz que jovens só querem se divertir em rolezinhos*. Disponível em: <https://www1.folha.uol.com.br/cotidiano/2014/01/1403918-professora-de-oxford-diz-que-jovens-so-querem-se-divertir-em-rolezinhos.shtml>. Acesso em 16 set. 2019.
22. THE ECONOMIST. *The Kids Are All Right*. Disponível em: <https://www.economist.com/the-americas/2014/02/06/the-kids-are-all-right>. Acesso em 16 set. 2019.
23. EL PAÍS BRASIL. *A rebelião dos excluídos*. Disponível em: <https://brasil.elpais.com/brasil/2014/01/14/politica/1389736517_226341.html>. Acesso em 16 set. 2019.
24. LIBÉRATION. *Le rolezinho sécoue le Brésil blanc*. Disponível em: <https://www.liberation.fr/planete/2014/02/05/le-rolezinho-secoue-le-bresil-blanc_978190>. Acesso em 16 set. 2019.

Tanto as perguntas que me eram feitas quanto as manchetes dadas são reveladoras do binarismo político e da incapacidade de se olhar para fenômenos multifacetados como os rolezinhos. Não é possível entender eventos como esse sem abandonar as lentes opostas através das quais compreendemos o mundo político no século XX. Nós adentramos o século XXI, a era do que tenho chamado de "revoltas ambíguas". O neoliberalismo flexibiliza as relações de trabalho e, consequentemente, as formas de fazer política sindical, atuando como uma máquina de moer coletividades, desdemocratizar, desagregar e individualizar. Como resultado, os protestos das camadas mais vulneráveis – e mesmo de sua juventude – tendem a ser desorganizados, uma vez que a esfera de politização deixa de ser o trabalho, ressurgindo de forma descentralizada nas redes sociais.

A ação coletiva nasce, muitas vezes, de maneira espontânea e contagiosa, sem tanto planejamento centralizado e estratégico, expressando um grande sentimento de revolta contra algo concreto vivenciado em um cotidiano marcado por dificuldades. No livro *A Precariat Charter: From Denizens to Citizens* [O estatuto do precariado: de habitantes a cidadãos], o sociólogo inglês Guy Standing chama as camadas pobres, o precariado, de "as classes perigosas", e suas revoltas, de "rebeliões primitivas". Para o autor, elas vêm com alto teor de frustração, caos, ansiedade e alienação de pessoas que vivem sem identidade profissional, em estado de insegurança, empobrecimento e dívidas.

Parece-me anacrônica a fixação que alguns têm em discutir nas redes sociais se eventos como os rolezinhos, a greve dos caminhoneiros ou os coletes amarelos na França são *ou* não são de esquerda. As revoltas do precariado não têm forma acabada: elas são um início, um grito, um pedido de basta. As categorias de esquerda *ou* direita não dão conta das emergentes ondas incertas, as quais são *e* não são isso *ou* aquilo. Contudo, não significa que o antagonismo ideológico não seja mais importante – ainda mais em plena época de polarização e populismo em escala global. Ele apenas não contempla a explosão de movimentos contraditórios. Direita e esquerda são os polos para onde as rebeliões ambíguas podem pender. São, portanto, um devir, uma disputa, um fim.

Seres humanos e sujeitos políticos tendem a continuamente produzir oposição. Isso significa que a ambiguidade não é um lugar no qual conseguimos nos manter por muito tempo. Assim, a radicalização das pessoas que se engajam nessas revoltas ambíguas costuma ser um caminho natural. Além disso, uma vez que sentimos a "energia vital" advinda da participação em um processo de efervescência social (aquela sensação de que nunca mais seremos os mesmos depois da experiência coletiva), não há como retroceder.

Em 2016, quando revisitamos os rolezeiros para ver, afinal, para qual lado do pêndulo ideológico eles tinham se virado, aprendi uma lição importante sobre as revoltas ambíguas. Uma parte grande dos jovens tinha se transformado em "bolsominions", mas também havia outra parte que era radicalmente contrária a essa posição, aderindo a lutas contra o fascismo, a homofobia, o racismo e o machismo. Mas houve também uma grande parte que seguiu indiferente à política. E a lição foi precisamente entender que, nesses movimentos marcados pela descentralização, não teremos com certeza a radicalização do movimento "como um todo" (porque não existe um movimento como um todo), mas de sujeitos e redes em particular. A politização e a radicalização de muitos desses jovens em momento posterior se deram em função de muitas variáveis, uma das quais é a capacidade política de disputar essa revolta sistêmica tão crua, tão contraditória.

Foram a extrema-direita e a figura de Jair Bolsonaro, em particular, que conseguiram canalizar a energia de muitos dos meninos rolezeiros por meio de mensagens populistas fáceis, diretas e indignadas que chegavam via redes sociais, conforme apontaram os resultados de nossa pesquisa em Porto Alegre, que acompanhou os mesmos jovens por dez anos. Já as meninas não caíram tão facilmente no conto da sereia. Os desdobramentos das revoltas ambíguas são imprevisíveis, e existe uma imensa energia, pulsante e vital, a ser disputada pelo campo progressista na política.

Os rolezinhos não foram qualquer evento em nossa história recente. Eles marcaram o início do fim. Na riqueza de sua ambiguidade, eles eram um anúncio da transição de 2013 – aquele ano que não acabou e que ninguém entendeu – para 2014, quando se iniciou uma crise econômica e política sem precedentes no Brasil. E por que penso que os rolezinhos foram tão paradigmáticos? A resposta não é somente porque eles aconteceram na virada do ano, mas porque revelaram muitas das contradições do lulismo e muitos dos efeitos políticos e sociais acarretados pela inclusão pelo consumo.

Havia muito ali a ser analisado. Em um momento favorável, logo antes de uma das piores crises econômicas da história do Brasil, os filhos dos novos consumidores mostravam sua cara. Jovens periféricos em massa no shopping: não podia haver imagem mais simbólica para representar a exuberância da inclusão financeira. Mas a pergunta que precisa ser discutida hoje no campo progressista é: que tipo de educação política esses jovens tinham recebido nos últimos anos? Que tipo de mobilização política a esquerda estava fazendo nas periferias para lidar com a revolta desses adolescentes?

As portas dos shoppings se fecharam para os jovens periféricos, tanto literal quanto metaforicamente, e quase que em uma profecia: estava prestes a começar uma reação das camadas médias brancas ao novo país em que, de maneira tímida, pobres e pretos começavam a ocupar lugares que desejavam – o shopping, o aeroporto, a universidade. E de forma confiante. O efeito disso sobre as elites foi perturbador. Que audácia. Bom, o resto da história a gente já sabe.

A REVOLTA DA CAÇAMBA

Quando a paralisação dos caminhoneiros eclodiu, em maio de 2018, eu e a Lucia decidimos pegar a estrada e ir a um ponto de concentração de manifestantes para fazer o que mais gostamos: puxar uma cadeira de praia, sentar no meio-fio e ouvir as pessoas por longas horas. Foi assim que conhecemos alguns caminhoneiros, altamente mobilizados e encostados em um posto na BR-290, no Rio Grande do Sul. Tínhamos ali um bom número: umas 30 pessoas, cada uma de um ponto do Brasil. Metade era composta de autônomos e a outra metade, de empregados.

A greve parou o país por quase dez dias. Pouco a pouco, as prateleiras dos supermercados se esvaziavam, o combustível dos carros acabava. Aulas e jornadas de trabalho foram canceladas. Assim, nos lembrávamos de que somos em enorme medida dependentes do escoamento terrestre no Brasil. A paralisação virou o país do avesso, deixou muita gente em pânico e diversas cidades em situação de calamidade pública. Mesmo assim, conseguiu um feito extraordinário: ter o apoio de 87% da população brasileira, segundo pesquisa do Datafolha feita na época. A discussão nas redes sociais reaquecia a velha questão de Junho de 2013 e dos rolezinhos: era um movimento de esquerda ou de direita? Como eu e Lucia estávamos no *front* uma vez mais, tentávamos superar essa oposição no debate público. O que escutamos naquele dia desafia qualquer lógica política binária, como mostra meu breve relato a seguir:

26 de maio de 2018. O WhatsApp dos manifestantes não parava de receber mensagens, mas as notícias mesmo chegavam boca a boca, minuto a minuto. Eles estavam convictos de que ninguém iria arredar o pé das estradas enquanto o então presidente Michel Temer não caísse. Tinham certeza de que, se isso acontecesse, quem assumisse teria que negociar com eles. Nós não parávamos de perguntar se a greve era pelo preço do combustível, e eles insistiam que já não era mais: "É contra a corrupção, é por tudo". Sobre o preço do combustível e a razão da crise do setor, cada um dizia uma coisa. Alguns afirmavam que se devia à gestão da Petrobras, e outros diziam que era preciso liberar a concorrência internacional para baixar o preço ("Assim como aconteceu com as empresas telefônicas", dizia um caminhoneiro de Maringá, no Paraná). Eles também falaram muito das condições de trabalho, do preço das refeições, da vida que estava cada vez mais dura e mais cara.

Quando perguntamos quem eles queriam colocar no lugar do presidente, foram unânimes: queremos intervenção militar. Era o único consenso que havia ali e que parecia haver no movimento em geral. O desejo era compartilhado e repetido por todos, mesmo aqueles que não tinham muita ideia do que isso significava. O interessante é que nenhum se referia à ditadura. Acreditavam ser importante uma intervenção temporária para sanar a "roubalheira do Temer", de Aécio e de todos os demais, para colocar ordem na casa. Nós tivemos uma pequena discussão nessa hora e argumentamos que, se a intervenção acontecesse, seria contra eles. Foi um momento tenso. A maioria ali era – como eles diziam – contra o golpe: "Tiraram a mulher de lá para roubar mais". "O povo só queria tirar a Dilma, não pensou nas consequências. Agora estamos pagando o preço."

"Odiamos a classe política", disse um caminhoneiro de São Paulo. "Anota aí no teu caderninho. Odiamos o Bolsonaro, que quer se aproveitar do movimento para fazer campanha." "Isso é mentira, que caminhoneiro apoia Bolsonaro", gritou outro, que era do Mato Grosso. Quando perguntamos em quem iriam votar, muitos manifestaram voto em quem "teria pulso". E essa pessoa era Ciro Gomes. "Não sou esquerdista, mas o cara é inteligente." Ninguém contestou. Muitos balançaram a cabeça. Quem protestou foi só para dizer que odiava político. Não mencionaram o Lula, para a nossa surpresa.

A política – do dia a dia e do acampamento – era intensa e das mais belas que já presenciei. Eles eram solidários uns com os outros e conversavam intensamente, vinte e quatro horas por dia, bebendo e comendo. Um caminhoneiro do Ceará, o Claudiomiro, falou que odiava política e que aderiu à paralisação só pelo preço do combustível, mas que com a convivência tinha se tornado outra pessoa, assim como muitos de seus colegas. "Agora eu sei o nosso poder, e só saímos daqui quando o Temer, esse vagabundo ladrão, cair."

Eles disseram que tinham ameaçado parar, que o governo tinha subestimado e que agora só estavam fazendo o que o povo queria. Afirmaram que havia lideranças, mas que ninguém sabia quem era para não serem perseguidos ou presos. Riram da tese de que não seria uma greve (paralisação dos empregados), mas um locaute (paralisação de empregadores). Disseram que esse argumento era "ridículo". Repudiavam a palavra greve e se corrigiam – ou corrigiam uns aos outros – quando o termo era usado: "É paralisação". "Greve é coisa de vagabundo que não quer trabalhar", gritou um caminhoneiro que preparava a caipirinha para o grupo.

Claudiomiro não parava de repetir que o povo estava com eles. Contou que foi ao mercado e viu uma senhora reclamando da greve. Chamou a mulher e explicou que era para todo o povo. Claudiomiro acreditava que estava fazendo história. E estava. "O povo está com a gente" foi a frase que mais ouvimos. Os caminhoneiros disseram que, ao longo desses dias, entenderam que são o motor do país e afirmaram que nunca mais se esquecerão desse período intenso. "Agora nós queremos virar heróis por tirar o presidente."

Pedidos por intervenção militar são grito de socorro

Após ter publicado esse relato nas minhas redes sociais no dia 26 de maio, eu ainda acompanhei mais três grupos de caminhoneiros. Com isso, pude estabelecer alguns padrões do movimento, mesmo em pontos de paralisação diferentes, e tirar algumas lições para o futuro.

Uma delas é que, em todos os cantos, houve um amplo apoio popular, e as pessoas perceberam que é possível fazer alguma coisa e parar o país apoiando-se na solidariedade. A greve também mostrou que população e polarização são coisas diferentes, ou seja, nem sempre a população se divide em dois opostos. Como já apontei no caso dos rolezinhos, os grupos mais politizados tendem a encaixar esses movimentos ambíguos em um ou outro lado, mas não veem que a população é contraditória e reflete um espectro de possibilidades da polarização.

Outra grande lição que acho importante destacar é que a greve escancarou um problema da esquerda: os progressistas não têm base nem capacidade de fazer trabalho de base. Por diversas razões, o PT não entrou com força nas manifestações, e a esquerda que sobra sem eles ainda é muito pequena. O apoio do PSOL, de movimentos menores e de autonomistas foi importante, sem dúvida, mas o PT ainda é a maior força da esquerda brasileira, e isso ficou bastante claro. As Jornadas de Junho de 2013 mostraram que, para as gerações atuais, o trabalho de base deve ser feito via WhatsApp e redes sociais em geral. Isso é algo que a direita parece ter compreendido bem; a esquerda, por outro lado, parece ainda não saber lidar com esse novo panorama. Os movimentos que vimos no Brasil desde 2013 são ambíguos porque seguem a lógica de agregação, em que se integram pessoas via viralização, contágio, na internet. E como os participantes não são sindicalizados, sem aquela linha clara política à qual estávamos acostumados nas manifestações do passado, reivindicam coisas múltiplas.

O catalisador da paralisação dos caminhoneiros foi a imensa revolta em relação ao combustível. Mas isso não era tudo: havia também insatisfação relacionada à perda do poder de compra. Já não era só por 46 centavos; era também a revolta por gastar todo o dinheiro recebido antes de voltar para casa e não conseguir viver com o que sobrava, um protesto que se espalhava por outras esferas da vida.

Os manifestantes ressaltavam muito o fato de que o Brasil estava sem rumo, o que, segundo eles, justificaria uma intervenção militar. A conclusão a que eu e Lucia chegamos é que esse desejo era um pedido de socorro. Não um pedido por uma nova ditadura, mas pela interrupção da "roubalheira" e por um rumo para um país desgovernado. E aqui penso que seja importante enfatizar um ponto: nos últimos tempos, a esquerda caiu em um lugar-comum de acreditar que toda a população é fascista. Não quero minimizar o espanto diante de pedidos por uma nova intervenção militar e por um governo como o de Jair Bolsonaro, mas não podemos adotar esse pensamento. O que percebemos nas paralisações dos caminhoneiros é que as pessoas sentiam que, do jeito que estava, não dava mais. Vimos uma descrença total na democracia representativa e uma percepção de que o sistema serve aos que estão no topo.

É fato que grupos que são mesmo militaristas se aproveitaram da ocasião para vender suas ideias aos caminhoneiros, mas eles já vinham fazendo isso pelo WhatsApp havia muito tempo e só reforçaram a prática durante os movimentos. Essas pessoas conseguiram de fato espalhar a ideia de que o país precisa de intervenção, mas não conseguimos investigar exatamente como agiram durante a greve. No entanto, vale frisar que eram indivíduos aleatórios, não grupos do Exército organizados que planejavam um golpe. Mesmo os caminhoneiros diziam não saber de onde vinham as mensagens. Quando o movimento começou a se radicalizar, perguntamos quando iam parar. E eles diziam que iam "até parar o Temer", mas também falavam que "agora está indo ladeira abaixo e nós não sabemos onde vai parar".

Como apontei antes, ficamos surpresas com a falta de menção a Lula, ou à esquerda no geral. Diferentemente das manifestações ocorridas durante o processo de impeachment, na paralisação dos caminhoneiros não vimos anticomunismo ou antipetismo. O inimigo era apenas "a classe política que a gente odeia". Em suma, a greve era antipolítica. Inclusive, em um dos grupos que visitamos havia uma liderança que foi contra o impeachment e era de esquerda. O que ficou claro foi que a classe dos caminhoneiros é muito precarizada, e até pode ter acreditado que o impeachment de Dilma era importante, mas, depois da entrada de Temer, estendeu essa raiva a todos os políticos, à imprensa e a tudo mais que fosse hegemônico.

Depois de Junho de 2013, é comum tentar enxergar uma ligação de novas manifestações brasileiras com as Jornadas. Com a paralisação dos caminhoneiros não foi diferente. Em um ponto de semelhança, toda a política tremeu na base, mas, ao mesmo tempo, outras coisas são muito distintas. Outro ponto convergente é que a insatisfação antissistêmica permanece. Todos os movimentos sociais dos últimos anos fazem parte do processo de como o mundo vem reagindo pós-crise de 2008. Primeiro houve uma primavera global que parecia não ter pauta, mas foi puxada por grupos de esquerda. No Brasil, veio o Junho de 2013, que tinha algo contra a política hegemônica. Desde 2008, há uma descrença generalizada na capacidade de funcionamento da democracia representativa. Aqui a revolta é mais acentuada entre classes precarizadas bastante ambíguas, como foi o caso dos rolezinhos e dos caminhoneiros. Sempre há o risco de que setores mais radicais se apropriem das manifestações desses grupos.

A classe política ainda sentia o impacto de 2013, e o temor do governo era que a paralisação dos caminhoneiros levasse milhares de pessoas para as ruas numa espécie de repetição das Jornadas de Junho. Não foi necessário que isso acontecesse: antes que a situação chegasse a esse ponto, o governo cedeu. Ainda assim, a paralisação se espalhou muito. A greve parou o país, afetou a percepção popular e conseguiu uma grande simpatia das pessoas, apesar de estarem furiosas por não poderem andar de carro ou comprar comida. Algumas manifestações chegaram a ser convocadas, mas acredito que a esquerda teve medo de que houvesse uma intervenção. E diria que a direita também estava com medo. Todo mundo ficou com medo.

Uma das maiores preocupações da esquerda à época da greve parecia ser o posicionamento político dos caminhoneiros. Eles eram a favor de uma intervenção militar? Votariam em Bolsonaro? Os caminhoneiros são pessoas que trabalham quinze horas por dia, não dormem, têm pressão alta, muitas vezes usam drogas para se manter acordados. É uma das classes que mais sofrem com a precarização do trabalho, uma pauta muito cara à esquerda. A meu ver, a esquerda deveria ter apoiado a greve por completo, independentemente das opções eleitorais dos manifestantes, entendendo que as contradições do sistema em que vivemos também existem no âmbito individual. Se não trabalhamos com os setores precarizados, com essas pessoas que se revoltam contra o sistema e a desigualdade, e não entendemos as ambiguidades, não temos ninguém. Não se escolhe trabalhador bom ou trabalhador ruim. Se esperarmos um trabalhador puro, que vem com todo o discurso da polarização pronto, dizendo "Lula Livre" e apoiando todas as pautas da esquerda, corremos o risco de perder a disputa. Enquanto esperamos o trabalhador ideal, a direita vai lá e abocanha os trabalhadores reais. A esquerda precisa apoiá-los.

O Brasil sem freios

Estava todo mundo perdido. E estava todo mundo perdido de novo no Brasil do século XXI. E quem não se acostumar com as revoltas ambíguas e difusas continuará assim. Não é possível mais pensar o hoje com a mentalidade dualista que acompanhou a geopolítica do século XX.

Como já mencionei, percebo alguma similaridade entre a paralisação dos caminhoneiros e o que ocorreu com os rolezinhos em 2014. À época dos meninos no shopping, imprensa, população e partidos estavam todos confusos, buscando enquadramento, ora dizendo que era só diversão capitalista, ora dizendo que era a luta de classes. Nós pautamos no debate público que se tratava de diversão *e* política. Na greve dos caminhoneiros, os questionamentos e a necessidade de enquadramento na caixinha se repetem. "Ah, mas não tem liderança", "Ah, mas tem 'Fora, Temer'", "Ah, mas li no jornal que votam no Bolsonaro", "Ah, mas tem faixa pedindo intervenção militar". Essa necessidade de encaixar um movimento num polo impede a compreensão de processos que são imensos, disformes e ambíguos, e que estão em disputa, como sempre procuro repetir.

Sob o ponto de vista objetivo, o fato é que o neoliberalismo transformou o capitalismo no século XXI e acirrou uma crise democrática – minando a crença popular numa possibilidade de democracia – ao mesmo tempo que vivemos um novo ciclo de crise. Sob o ponto de vista subjetivo, essa "multidão"[25], esses trabalhadores precarizados, sentem na pele a desigualdade, são sujeitos políticos contestadores, mas que não estão organizados em sindicatos. Quando eles se revoltam, a rebeldia do precariado, termo usado pelo sociólogo Ruy Braga[26], é dúbia, porque não existe mais a estrutura de cima para baixo do trabalho na linha de produção, essa organização hoje é muito mais solta. Muitos apoiaram Bolsonaro não porque eram

---

25. NEGRI, Antonio; HARDT, Michael. *Multidão: guerra e democracia na era do Império*. Rio de Janeiro: Record, 2005.
26. BRAGA, Ruy. *A rebeldia do precariado*. São Paulo: Boitempo Editorial, 2017.

monstros de extrema-direita, mas porque viram ali uma novidade fora do sistema. O ponto a que eu quero chegar é que a crise econômica e democrática pela qual o neoliberalismo atual passa ainda resultará em infindáveis movimentos que a esquerda, desnorteada, tentará colocar em caixinhas.

Como alguém que pesquisou os rolezeiros e viu ali a mesma contradição – de um lado, reivindicando o direito à cidade e adotando narrativas antirracistas e, de outro, reproduzindo comportamentos misóginos e sedentos por inclusão capitalista –, muito já escrevi sobre o fato de haver um duplo potencial nos *mesmos* sujeitos. Acertamos na análise. Não é à toa que grande parte daqueles jovens ingressou no *rap* contestatório e outra parte se transformou em *bolsominions*. Conhecendo os meninos de perto, posso afirmar que a diferença entre eles não é tão grande quanto se imagina e que, de alguma forma, ambos os perfis estão tentando encontrar formas de canalizar a indignação e a descrença em relação à democracia representativa.

A lição da Revolta do Rolê para a Revolta da Caçamba – e para muitas outras que virão no Brasil neoliberal – é que todo trabalhador precarizado carrega a indignação de viver numa sociedade desigual e a manifesta de formas contraditórias. Nós vivemos numa cultura violenta e autoritária e produzimos sujeitos que reproduzem, em maior ou menor grau, o modelo recebido. Mas também são sujeitos que se enraivecem. Na classe trabalhadora brasileira, precarizada, flexibilizada e que mantém laços frouxos com sindicatos e com o coletivo, dificilmente existirá o militante político puro que se encaixa no tipo ideal que a esquerda quer apoiar. E ficará cada vez pior. A greve dos caminhoneiros nos mostrou que é mais trabalhoso disputar essas revoltas ambíguas, pois precisamos ter mais imaginação para transitar por estradas menos retilíneas.

Nunca mantive ilusões românticas de uma "revolução caminhoneira" – isso não aconteceria para nenhum dos lados. O que nos cabe é entrar de carona nas brechas dessas ambiguidades e fazer desses momentos não uma histeria nacional desde as redes sociais, mas, a partir de uma escuta generosa, um aprendizado de como atuar em uma nova época marcada por tanta contradição e, ao mesmo tempo, tanta potência política.

Disputar as revoltas ambíguas

As revoltas ambíguas são fruto da austeridade cada vez mais acirrada do neoliberalismo do século XXI, marcado pela crescente captura dos Estados e das democracias pelas grandes corporações. Os protestos ocorrem mais como *riots* (motins) para chamar atenção: barricadas, vias interrompidas, pixações, intervenções artísticas etc. Para Guy Standing, essas manifestações são antiausteridade e sugerem que as democracias liberais e o capitalismo não entregaram suas promessas.

Não é raro que esses protestos cresçam em onda de contágio e evoluam para pautas ainda maiores, como o custo de vida ou a corrupção. Assim, eles vão gerando profunda coesão entre os participantes ao longo dos atos. É por isso que os acampamentos são tão importantes: eles se opõem ao abandono e à opacidade individualista da rotina de trabalho precarizada. As revoltas ambíguas são manifestações que politizam os sujeitos durante o processo. Não é raro também que carreguem um forte componente patriótico (mas não necessariamente nacionalista), pois, como pontuam Donatella della Porta e Alice Mattoni,[27] a demanda dos trabalhadores mais vulneráveis é justamente por mais políticas sociais nacionais, a partir de um entendimento de que a globalização do capital não foi revertida em uma melhoria de vida para as pessoas comuns.

Ou seja, a esquerda precisa disputar o que é possível: indivíduos e redes dentro do todo. Quando os motoristas de aplicativos pararem — porque um dia isso deve acontecer — e o Brasil entrar num novo surto de "o que está acontecendo?", será mais inteligente não

---

27. DELLA PORTA, D.; MATTONI, A. *Spreading Protests*: Social Movements In times of Crisis. Colchester: ECPR Press, 2014.

exigir carteirinha de "trabalhador ideal" nem fazer *checklist* de entrada no clube ideológico. Os trabalhadores precarizados tendem à direita pela própria natureza individualista de seu trabalho: eles estão desagregados. Entretanto, isso não elimina a injustiça que está lá de forma latente. O populismo autoritário de direita, esse sapo medonho, se veste de príncipe e não escolhe militante, mas apenas estende a mão e acolhe. Ele diz: "Vem, aqui você é aceito", e oferece, no lugar do abandono do cotidiano alienado, a possibilidade de um movimento como o fascismo. Uma grande parte de nós do campo progressista tem feito, de modo sistemático, o oposto, rechaçando, ridicularizando e criticando tudo aquilo que não compreende.

A esquerda brasileira não vai conseguir disputar as revoltas ambíguas em sua totalidade, porque elas são mesmo gigantes disformes. No entanto, pode disputar trabalhadores por meio do uso renovado das redes sociais e do emprego da micropolítica da conversa face a face (como foi feito no movimento #ViraVoto). Por fim, é necessário o retorno à radicalização de discurso que dialogue com a profunda e latente frustração popular.

ATO I
O AVANÇO DA DIREITA

A ANTROPÓLOGA ALUCINADA

A história do início do século XXI parece repetir a do século XX. De um lado, insurgências populares despontam em vários cantos. De outro, há o claro crescimento da extrema-direita conservadora. Todavia, existe uma diferença significativa, e profundamente perturbadora, entre o passado e o presente. Fragmentada, golpeada e imersa em seus próprios conflitos, que causam grandes desgastes, a esquerda tradicional hoje está muito mais fraca do que há cem anos. No desequilíbrio entre uma esquerda debilitada e uma direita que detém o monopólio do capital financeiro e informacional, sem sombra de dúvidas, a balança pende para um único lado.

O ano de 2014 marcou o avanço da extrema-direita no Brasil. A tragédia era anunciada. Celso Russomanno (PRB) e o pastor Marco Feliciano (PSC) foram os deputados mais bem votados em São Paulo, e o Rio de Janeiro escolheu Jair Bolsonaro (PP) em primeiro lugar. O deputado mais votado no Rio Grande do Sul naquele ano, Luis Carlos Heinze (PP), declarou que quilombolas, índios, gays e lésbicas são "tudo o que não presta".[28] A guinada conservadora já estava em curso, desenhada e pronta para eclodir. É comum que se responsabilizem as Jornadas de Junho de 2013 por tudo o que aconteceu no Brasil, mas, como já apontei no capítulo "A Revolta dos 20 Centavos", esse é um argumento que não ajuda a compreender o fenômeno de rearticulação das direitas nacionais e globais, que vêm conquistando corações e mentes desde a virada do milênio.

A extrema-direita disfarçada de liberalismo já atuava por meio de institutos e *think tanks*, como o Instituto Mises e o Instituto Millenium. O Fórum da Liberdade, que ocorre em Porto Alegre desde 1988, é realizado pelo Instituto de Estudos Empresariais e apoiado por grupos como a RBS TV, além do empresário Jorge Gerdau Johannpeter. O Fórum tem contado com nomes como Olavo de Carvalho (com várias participações desde o início dos anos 2000), Jair Bolsonaro, Gustavo Franco, José Roberto Marinho, Aécio Neves, Alexandre Garcia, Luciano Huck, Sergio Moro, Rodrigo Constantino e Demétrio Magnoli, entre muitos outros. O evento desempenhou um papel fundamental na consolidação de uma rede de empresários, políticos e intelectuais de direita e extrema-direita.

De 2010 a 2013, fui professora de uma faculdade de Porto Alegre com foco em negócios. Na semana do Fórum da Liberdade não havia aula, pois os estudantes deveriam comparecer ao evento. Eu fui com minha turma. Já havia um discurso constante acerca de uma suposta doutrinação marxista, comunista e petista nas universidades. O interessante é que havia distribuição gratuita de milhares de cópias da obra do economista liberal austríaco Ludwig von Mises para os estudantes, mas isso não era visto como doutrinação.

---

28. O GLOBO. *Deputado diz que índios quilombolas, gays e lésbicas são tudo que não presta.* Disponível em: <https://oglobo.globo.com/brasil/deputado-diz-que-indios-quilombolas-gays-lesbicas-sao-tudo-que-nao-presta-11585251>. Acesso em 16 set. 2019.

No âmbito intelectual, indivíduos liberais na economia e conservadores nos costumes cravaram seu espaço desde o início dos anos 2000, em especial na revista *Veja*. Reinaldo Azevedo, por exemplo, já escreveu algumas colunas (a primeira em 2010) atacando de modo vil a prefaciadora deste livro, Debora Diniz, a quem ele chama de "antropóloga", com aspas, e sugere que ela mentia sobre o tema do aborto.[29] Colocando-se veementemente contra as declarações da pesquisadora a respeito do tema, seus textos ajudaram a incentivar a onda de ódio que a ataca como "abortista" e que, em última instância, levou-a ao exílio em 2018 para proteger a própria vida.

Outro exemplo de ataque à antropologia vem de um segundo blogueiro da *Veja*, Rodrigo Constantino, que hoje escreve para o jornal *Gazeta do Povo*. Em janeiro de 2014, ele publicou um texto intitulado "Um ping-pong com uma antropóloga alucinada" (que, no caso, era eu),[30] dirigido a um artigo meu que viralizou na mesma época em que escrevi o "Etnografia do rolezinho". Sua réplica era permeada de provocações e deboches que caracterizam um debate de baixo nível intelectual. Ainda assim, era uma resposta válida. O problema raramente são os textos em si, mas a repercussão que causam. O próprio autor reconhecia, em outro *post*, que moderava os comentários um a um. Nesse caso, ele foi responsável por aceitar centenas de comentários misóginos e violentos. Naquele ano, eu já era professora da Universidade de Oxford e, assim que a referida coluna foi publicada, meu departamento me ofereceu várias formas de segurança e proteção, já que comecei a receber ligações, do Brasil para a Inglaterra, dizendo que "eu deveria morrer em Cuba" (sic). Nos comentários aprovados por Constantino, as pessoas colocavam

---

29. AZEVEDO, Reinaldo. "A mentira grotesca no texto de uma 'antropóloga' da UnB. Como ela vai encarar depois seus alunos? Ou: Deve ser triste depender de uma mentira para parecer inteligente". *Veja*. Blog do Reinaldo. Disponível em: <https://veja.abril.com.br/blog/reinaldo/a-mentira-grotesca-no-texto-de-uma-antropologa-da-unb-como-ela-vai-encarar-depois-seus-alunos-ou-deve-ser-triste-depender-de-uma-mentira-para-parecer-inteligente/>. Acesso em 16 set. 2019.
30. CONSTANTINO, Rodrigo. "Um ping-pong com uma antropóloga alucinada". *Gazeta do Povo*. Disponível em: <https://www.gazetadopovo.com.br/rodrigo-constantino/artigos/um-ping-pong-com-uma-antropologa-alucinada/>. Acesso em 18 set. 2019.

os contatos do meu trabalho e pediam que outros também ligassem para denunciar a Oxford a presença de uma comunista. Reinaldo de Azevedo reagiu e também escreveu uma coluna dizendo que eu havia ido para Oxdord, mas o esquerdismo não havia saído de mim, atraindo mais uma onda de perseguição a mim por parte de seus seguidores.[31] Tudo isso que narrei não foi diferente, em quantidade e qualidade, dos ataques posteriores que sofri por parte do MBL e das próprias redes bolsonaristas. Em todos os casos, houve o mesmo grau de violência, difamação e ataque à minha honra.

O problema para o qual quero chamar atenção aqui não são exatamente os (então) colunistas da *Veja*, mas o papel que eles desempenharam no início dos anos 2010, quando foram catalisadores de uma horda de violência e linchamento virtual misógino. Não estou falando de comentários residuais, mas de uma verdadeira onda de ódio e ressentimento antipetista e anticomunista. Já havia por todos os lados uma multidão raivosa, de comportamento fascista, que indicava uma tendência à violência física e moral contra a diferença política e a diversidade.

Há uma sequência de eventos de 2014 que mostra esse ressentimento latente outrora reprimido. Logo após as Jornadas de Junho, ódio e racismo eram destilados contra os integrantes do rolezinhos. Não me surpreendia que a população paulistana, como mencionei no capítulo "A Revolta do Rolê", apoiasse o uso da força policial contra o movimento dos jovens. Os comentários nas redes sociais diziam que os rolezeiros deveriam "voltar para a senzala".

Após os rolezinhos, fomos brindados com o episódio da apresentadora do SBT Rachel Sheherazade, que defendeu o linchamento do adolescente negro e menor de idade que cometeu um assalto e foi amarrado a um poste por moradores da região, em uma das cenas mais deploráveis de nossa história republicana. A jornalista

---

31. AZEVEDO, Reinaldo. "A antropóloga e o rolezinho. Ou: Caelum, non animum mutant, qui trans mare currunt". *Veja*. Blog do Reinaldo. Disponível em: <https://veja.abril.com.br/blog/reinaldo/a-antropologa-e-o-rolezinho-ou-caelum-non-animum-mutant-qui-trans-mare-currunt/>. Acesso em 16 set. 2019.

declarou: "A atitude dos vingadores é compreensível. O que resta ao cidadão de bem que foi desarmado? Isso eu chamo de legítima defesa coletiva. Aos defensores de direitos humanos que se apiedaram do marginalzinho, eu lanço uma campanha: adote um bandido".

Marginalzinho, vagabundo, bandido, comunista: inimigo interno de nosso fascismo tropical. Mas nós também temos inimigos externos, basta que o problema apareça. Também em 2014 o Brasil viveu um surto xenófobo por causa da epidemia de ebola na África. Na época, Eliane Brum escreveu uma coluna no *El País* denunciando o racismo e a xenofobia de muitos brasileiros, que, de acordo com ela, encaravam como "ratos" os "pretos" vítimas da doença, incitando violência contra eles.

O ano de 2014 foi muito importante para entender a extrema-direita que saía do armário. Até aquele momento, diversas pessoas tinham vergonha de se dizer de direita. Desde então, elas têm orgulho. Foi em 2014 que o Brasil elegeu uma das bancadas mais conservadoras de sua história, em uma eleição já marcada por profundo ódio destilado contra os nordestinos. A vitória de Dilma foi apertadíssima (51,64% dos votos). Por um instante, eternizado em uma imagem que já virou um clássico na internet, seu oponente Aécio Neves chegou até a comemorar vitória na presença do amigo Luciano Huck. Aécio nunca aceitou o resultado das urnas, pedindo inclusive auditoria da votação. Desafiando a democracia, ele atiçava ainda mais uma horda que já estava a postos.

A lógica fascista brasileira é difusa. Ela não é facilmente identificável, pois propaga um ódio mais pulverizado, direcionado a uma massa diversa. É animada por uma mídia que busca seus próprios interesses, uma polícia violenta, um movimento religioso fanático e uma elite *sui generis* que, na teoria, defende o liberalismo, mas na prática age para defender privilégios. Ao passo que a extrema-direita geralmente vê seu povo como superior, e encarna o nacionalismo para tanto, o fascismo idiossincrático à brasileira não idolatra a si próprio, mas sim aqueles países que nos barram na imigração.

A semente do fascismo tropical está presente em todas as classes, em todas as regiões. Há quem diga que ele piorou após Junho de 2013. Há quem acredite que sempre foi assim e que ele apenas mostrou sua cara como tendência da polarização. Há ainda quem afirme que se trata simplesmente de *backlash*, ou seja, uma retaliação, resultado das incipientes mudanças nas estruturas da profunda desigualdade brasileira. Em qualquer uma das hipóteses, o germe do ódio ficou às soltas no Brasil, pronto para linchar física e moralmente todo aquele que não se enquadra no *establishment* masculino, branco, heterossexual, rico, bem-sucedido e cheio de bens de consumo. A ameaça comunista é uma mentira. A ameaça fascista é uma realidade.

PROTESTO E PANELA GOURMET

Os anos de 2015 e 2016 foram marcados por manifestações pró-impeachment de caráter nacionalista, antipetista e contra a corrupção. Inaugurou-se uma era de manifestações verde-amarelas e festivas nos finais de semana, fundamentalmente marcadas pela presença das elites brancas brasileiras.

Tanto o MBL quanto o Vem pra Rua, movimentos sociais pioneiros da direita jovem no Brasil, tiveram um papel muito importante no processo de impeachment, convocando manifestações e atraindo a nova geração para seu campo ideológico. Eles se apresentavam como liberais, tinham forte presença na internet e atuavam por meio de uma poderosa estética juvenil, em especial via produção de memes. Eram jovens "rebeldes" contra o poder estabelecido, mas totalmente aceitáveis para muita gente, dando um ar "moderno" e renovado à política. Esses dois movimentos souberam aproveitar a oportunidade da crise brasileira.

A retrospectiva de 2016 do MBL, por exemplo, foi emblemática. Eles se apropriaram da linguagem de lutas da esquerda. Descreveram a si próprios como mobilizadores das massas, alegaram que as mídias e o poder estabelecido eram manipuladores; os magistrados, infames; os políticos, corruptos. Disseram que as manifestações organizadas pelo movimento tinham sido as maiores da história do Ocidente, pois catalisaram por meio de uma estética jovem e moderna grupos em fúria que não aceitava o discurso criminoso e os jatinhos de políticos. Para eles, as ruas reagiram, o grupo continuara resistindo e, por fim, o *establishment* fora derrotado. As elites midiáticas tiveram que se curvar – segundo eles. Em um vídeo de final de ano, o MBL dizia: "Se você quiser o sonho dourado, nós não podemos te dar. Te chamarão de louco e ultrapassado, mas esse é o preço da verdade que eu te trago".

Os organizadores desse movimento conseguiram a atenção de muita gente insatisfeita, oferecendo a narrativa anticomunismo e a pauta anticorrupção. Mas, pouco a pouco, a roupagem liberal e apartidária desses grupos foi se esfarrapando. Em 2017, o MBL já se assumia como "liberal na economia e conservador nos costumes". Eles apoiaram Bolsonaro nas eleições de 2018 e, hoje, não conseguem mais mobilizar manifestações. Contudo, fizeram o suficiente para começar a eleger sua bancada de quatro deputados federais – Jerônimo Goergen (PP-RS), Paulo Martins (PSC-PR), Zé Mário (DEM-GO) e Kim Kataguiri (DEM-SP) – e dois senadores – Marcos Rogério (DEM-RO) e Eduardo Girão (Podemos-CE). Agora planejam eleger centenas de vereadores nas eleições municipais de 2020.

Verde-amarelos arrependidos

Na bolha do campo contrário às manifestações de 2015 e 2016, muita gente compartilhou vídeos no intuito de provar que as pessoas que estavam nas ruas eram ignorantes em matéria de política. À época, um vídeo circulava na internet no qual o entrevistador perguntava a uma manifestante quem assumiria a presidência, no caso de um impeachment da presidenta Dilma; e a resposta recebida era "Aécio Neves!". Essa seria apenas uma prova, entre tantas outras, da falta de cultura política desse tipo de movimento. Manifestantes, que iam para as ruas com a camisa da Confederação Brasileira de Futebol (CBF), protestavam contra a corrupção ao mesmo tempo que levavam o cachorro para passear, bem como os filhos, junto com suas babás. Havia quem tomasse espumantes nos bairros de elite e até aparecesse nas colunas sociais dos jornais do dia seguinte. Inaugurou-se a era da indignação com glamour. Somam-se a isso cartazes ufanistas, homofóbicos, misóginos e pobrefóbicos, que davam o tom de um evento da política do mal.

Não tenho experiência de pesquisa nas manifestações verde-amarelas que começaram em 2015. Nesse ponto, sou uma mera observadora que traz um relato particular. Algumas pessoas de minha rede de relacionamento, pertencentes a distintos estratos socioeconômicos, tinham simpatia pelos movimentos pró-impeachment, entendendo que ali havia um sentimento de basta à corrupção. Essas pessoas não se identificavam ainda com o campo da direita, não se enquadravam em nenhum dos rótulos com frequência atribuídos aos manifestantes, como coxinha, reacionário ou mesmo despolitizado. Eram indivíduos profundamente descrentes da política brasileira, que compartilhavam a sensação de "não temos mais para onde correr". Aqueles atos, para muitos, eram uma oportunidade para dizer que não estavam contentes com os rumos da política nacional.

Todas as minhas tentativas de argumentar com essas pessoas no sentido de dizer que se tratava de um evento antipetista e que significava o avanço da extrema-direita eram frustradas no momento em que me questionavam: "Mas o PT por acaso ainda é esquerda?". Esse era um grupo que tinha se identificado com o PT no passado, mas que fora se decepcionando com o partido desde o escândalo do mensalão. Eram órfãos políticos que haviam sido totalmente cooptados pelo discurso midiático em geral antipetista, lavajatista e pró-Moro.

Até o impeachment de Dilma Rousseff, eu rompi relações com diversos conhecidos que me ignoravam, por exemplo, quando eu dizia que as manifestações apoiavam uma intervenção militar. Eles me respondiam que era uma minoria. A dor foi grande pelo rompimento com laços tão estruturantes da minha vida, e a ferida ainda ficará aberta por muito tempo. Ninguém queria ouvir o que eu tinha a dizer. Ninguém parecia disposto a considerar uma narrativa alternativa sobre o movimento. Nos grupos de WhatsApp, o juiz Sergio Moro começava a aparecer como um justiceiro super-herói, o que foi corroborado com dezenas de capas de revistas da época nas quais ele aparecia como tal. Havia um consenso informacional de que a Lava Jato era o início de uma nova era.

Anos depois, em especial após a eleição de Bolsonaro, percebo o processo de mudança de muitas daquelas pessoas. Uma parte foi sugada pelo bolsonarismo: acreditam que o plano do PT era transformar o Brasil na Venezuela e que Lula foi o maior ladrão da história do país. Mas existe outra parte que começou a se decepcionar com o impeachment desde o escândalo da JBS, empresa brasileira que é a maior processadora de carnes do mundo. Hoje, as pessoas desse grupo aterrorizam-se com o governo Bolsonaro e estão decepcionadas com a Lava Jato, em particular após as denúncias realizadas pelo site *The Intercept* com base no vazamento de informações sobre como operava a força-tarefa em suas conversas e conchavos pessoais. Esses indivíduos não voltaram a apoiar o PT, mas procuram um lugar dentro do campo democrático.

De 2014 a 2018, o Brasil viveu quatro anos de limbo histórico: um período de confusão, convulsão, jogo com regras frouxas e ascensão do extremismo de direita. O campo da direita se moveu como um bloco mais ou menos coeso até o impeachment de Dilma Rousseff. Foi Aécio Neves que começou o questionamento das eleições de 2014. Por um tempo, a direita tradicional surfou na onda dos novos movimentos, como o MBL. Depois do impeachment, foi engolida pelo bolsonarismo, ao ponto de Geraldo Alckmin (PSDB) alcançar a degradante marca de cerca de 5 milhões de votos nas eleições presidenciais, quando tinha o maior tempo de televisão.

Após o limbo, venceu o autoritarismo conservador. Segundo a antropóloga Isabela Kalil, em entrevista ao jornal *Valor Econômico*, em julho de 2019, uma parte dos eleitores de Bolsonaro está ainda mais extrema, decepcionada com o governo por considerarem-no brando demais.[32] Eles apoiam Moro incondicionalmente e participam de manifestações que trazem pautas antidemocráticas, como o fechamento do Supremo Tribunal Federal (STF). É a radicalização do bolsonarismo.

Ainda assim, como no meu círculo social, grande parte da população que apoiou as manifestações pró-impeachment agora está assustada com os rumos do governo e desse movimento de massas que o apoia. A esquerda repete muito o ditado "Embala que o filho é teu", chamando à responsabilidade todos aqueles que, para saciar a sanha antipetista, legitimaram um golpe que depôs uma presidenta democraticamente eleita. Eu considero fundamental à maturidade e à ética do debate político apontar responsabilidades. No entanto, é importante da mesma forma reconhecer que não vamos sair sozinhos desse buraco em que nos encontramos e que precisamos de uma ampla frente democrática e do máximo apoio popular para derrubar o projeto autoritário de cunho fascista que hoje está no poder.

---

32. VALOR ECONÔMICO. *Parte dos eleitores de Bolsonaro quer mais radicalismo*. O link não está mais disponível: <https://valor.globo.com/noticia/2019/07/22/parte-dos-eleitores-arrependidos-de-bolsonaro-quer-mais-radicalismo.ghtml>. Acesso em 22 jul. 2019.

APOCALIPSE SOBRE A TERRA PLANA

Em setembro de 2017, a exposição *Queer Museum* no Santander de São Paulo e Porto Alegre foi cancelada em função de grandes manifestações contrárias por parte de grupos conservadores, que rotularam a arte exposta como pedofilia. Restou-nos a sensação de que estávamos diante de um cenário autoritário e intelectualmente empobrecedor no debate sobre sexualidade, comprimindo diversas camadas de significados em uma resolução encerrada aos gritos. Em novembro daquele mesmo ano, a palestra da filósofa especialista em gênero Judith Butler no Sesc Pompeia, em São Paulo, também foi alvo de protestos. Algumas pessoas chegaram a levar um boneco de pano que representava a pesquisadora para ser queimado na frente do local onde aconteceu o evento. Era a imagem das trevas.

No mundo todo, o populismo da nova direita conservadora se caracteriza pela privação de debates e por promessas de soluções fáceis para problemas complexos. Tudo indicaria, portanto, que ela é contra o conhecimento, as artes e a ciência. Mas a nova direita não é necessariamente anti-intelectual, porém se coloca contra uma elite intelectual específica, a saber, o *establishment* liberal e progressista, o qual descreve de forma generalizante como "comunista". Mais do que acabar com o conhecimento, a nova direita quer disputar ideias e seus pensadores. Para além do que aparece na superfície, os neoconservadores possuem um projeto de conhecimento que procura definir uma nova direção para a sociedade global. O que está em jogo é a produção e a disputa de novos regimes de verdade sobre a humanidade e sobre o planeta.

Hoje, há registros da perseguição ao conhecimento crítico e à memória de justiça histórica por todos os lados. Há o resgate de símbolos nazistas. Há a redução de carga horária das disciplinas das ciências humanas nos currículos de diversas grades escolares no mundo todo. Isso tem vínculo direto com um fenômeno muito maior: uma mudança do que se é historicamente autorizado a dizer. Atingindo o coração do conhecimento humanista, ataca-se o legado da ciência e o cerne dos princípios da modernidade, os quais, apesar de seus problemas, conseguiram criar certo senso de direitos humanos universais, civilização global e humanidade una. O que os neoconservadores estão alegando é que esse projeto de sociedade moderna não apenas ruiu, mas é o próprio produtor da desigualdade.

Escolas e universidades

O Brasil está em uma posição particularmente retrógrada no ataque ao pensamento crítico e humanista. Lá em 2014, quando as faixas das manifestações verde-amarelas pediam menos Paulo Freire, já estava claro que um impeachment não era apenas um impeachment. De lá para cá, cresceu o projeto Escola sem Partido, que combate a "doutrinação" nas escolas e que foi colocado em prática em sala de aula por meio dos estudantes-censores.

Professores estão amedrontados, e muitos relatam que acabam não ministrando certos conteúdos para proteger sua integridade e seu emprego ou simplesmente para não se desgastar frente a jovens em alerta para atacar a suposta doutrinação. Eu mesma vivi uma situação desse tipo. Passei um ano como professora visitante do exterior no Departamento de Sociologia da Universidade de São Paulo (USP), e era parte de minhas obrigações incentivar a internacionalização do conhecimento. Com esse objetivo em mente, em 2017 ofereci aos alunos de pós-graduação a mesma disciplina que ministrava na Universidade de Oxford. O tema era movimentos sociais, com ênfase empírica na compreensão das transformações do capitalismo contemporâneo e dos protestos que se desenrolaram no século XXI no mundo todo. O objetivo do curso era discutir os processos de internacionalização desses movimentos. A bibliografia da disciplina incorporava debates internacionais de excelência acadêmica.

Mas o que era para ser apenas mais um começo de semestre tornou-se um verdadeiro pesadelo: um gosto amargo dos tempos de perseguição política, uma dose cavalar de *bullying* digital e, claro, uma pitada de bizarrice. Institutos e movimentos que se autointitulam "liberais" encontraram a chamada da disciplina e espalharam a notícia de que uma colunista da *CartaCapital* (eu) estaria ensinando protestos na USP com o dinheiro público.

O MBL, em particular, contribuiu com a cereja do bolo. Espalhou a notícia de forma ainda mais distorcida, afirmando que se tratava de uma "pós em protestos" por meio de um meme cuja foto foi escolhida com cuidado para que eu aparecesse gesticulando de modo "raivoso". Nos comentários desse tipo, minha identidade intelectual é negada pelo sexismo, e eu passo a ser chamada de "professora" (entre aspas) – o que vem seguido por vagabunda e anta (sem aspas).

A forma como esse tipo de notícia se espalha é sempre muito nefasta. A linha que separa o obtuso do violento é bastante fina. O bizarro desliza para o perigo em um piscar de olhos. Se, por um lado, podia ser cômico o fato de as pessoas acreditarem que eu ensinaria técnicas de protesto para o PT com dinheiro público, por outro, a reação que isso suscitava em uma parte delas era bastante alarmante. Alguns sujeitos – cuja foto de perfil era uma metralhadora, por exemplo – tentaram invadir o grupo da disciplina no Facebook. Houve ataque em massa ao meu perfil e, claro, muitos comentários sexistas e violentos que diziam coisas como: "Essa terrorista precisa morrer". Eu tive de começar o primeiro dia de aula acionando a segurança da universidade. Não foi a primeira vez que fui atacada, nem a última, mas foi a primeira vez que o problema não era "eu", e sim a produção de conhecimento em si.

Apesar do aspecto risível de haver quem acredite que um tema sociológico clássico possa ser "uma aula de protestos", partir do princípio de que a direita é burra e sem projeto de conhecimento me parece uma aposta equivocada. Os novos movimentos conservadores, com formação liberal, sabem muito bem que não havia nada de pedofilia nas exposições, da mesma maneira que muitas de suas lideranças jovens estavam cientes de que minha disciplina não servia para ensinar protestos.

Disputando regimes de verdade

A nova direita conservadora despreza certo tipo de organização do conhecimento. Os neoconservadores constroem sua identidade a partir da posição de vítima de um *establishment* intelectual das universidades e da grande mídia, o qual, ao priorizar determinados grupos, teria virado as costas para as "pessoas comuns".

A própria democracia seria um projeto sustentado por uma elite intelectual, privilegiando somente alguns. Como pontuei em alguns capítulos anteriores, a crise do neoliberalismo do século XXI, acirrada pela exposição das relações promíscuas entre a política e o mercado no mundo todo, serviu como uma luva para fortalecer esse tipo de narrativa acerca da ameaça vermelha. De maneira embaraçosa, o primeiro ponto a levantar quando falamos em políticas do conhecimento é que a nova direita se coloca como protetora dos interesses do povo no momento em que associa conhecimento humanista com *establishment*, elites intelectuais e poder. Esse suposto *establishment* é a geração de 1968, que teria vencido no campo intelectual e ajudado a formar certo consenso liberal-democrático que conciliava capitalismo e avanço das pautas identitárias.

A disputa por agendas políticas no século XXI se constrói por meio de uma guerra que é fundamentalmente discursiva, ou seja, se baseia em palavras, estátuas, símbolos. É uma guerra pelo estabelecimento de novos discursos que, ao atacar o projeto moderno, vem com uma agenda econômica embutida. Todavia, esse cenário de competições por meio do discurso é uma oportunidade para o campo progressista repensar – séria e autonomamente – os rumos da mundialização e o tipo de democracia que almejamos. O que está em jogo é uma rivalidade entre projetos que lidam com concepções muito profundas sobre a sociedade global, a modernidade e seus impactos na desigualdade.

Na Europa e nos Estados Unidos, há uma tendência a rever os preceitos da globalização, da livre circulação, do cosmopolitismo e da igualdade dos direitos humanos, tudo isso misturado com uma agenda neoliberal em que a mundialização só serve para determinados interesses. Em todo o mundo, os grupos religiosos querem barrar os avanços por direitos reprodutivos. No Brasil, esse ainda é um campo em formação, com poucas e confusas referências. Olavo de Carvalho é um guru importante para o bolsonarismo, mas não existem muitos outros. Os neoconservadores brasileiros ainda surfam muito no experimento do que é popular e no antipetismo.

Entender a mente dos neoconservadores é fundamental para reorganizar a resistência. A base da nova direita segue seus próprios gurus. O *Manifesto of the French New Right* [Manifesto da nova direita francesa], escrito por Alain de Benoist e Charles Champetiere, publicado no ano 2000, se coloca como a base de uma nova escola de pensamento que procura desenvolver uma "metapolítica", disputando espaços em revistas acadêmicas, colóquios e conferências para discutir temas morais e culturais. A história, para os autores, "é o resultado de ações e intenções humanas, dentro de enquadramentos de convicções, crenças e representações que providenciam significado e direção" [tradução livre]. No mesmo sentido, o livro *Generation Identity: A Declaration of War Against the '68ers* [A geração identitária: uma declaração de guerra contra a geração de 1968], escrito por Markus Willinger, outra referência da nova direita, também salienta a importância de se recuperar uma direção de/para a humanidade, e, em sua tese, isso passa pelo retorno à cultura local, às identidades regionais e ao freio de processos migratórios.

Os pensadores de extrema-direita perderam espaço na segunda metade do século XX, após a Segunda Guerra Mundial e a ascensão de certa hegemonia dos valores liberais no mundo ocidental. Um influente livro lançado em 2019[33] trouxe uma compilação de três gerações de pensadores que influenciam o que hoje se chama de nova direita ou também *alt-right*, direita alternativa, em inglês.

A primeira geração seria a composta pelos autores clássicos da primeira metade do século XX, em sua maioria de vinculação fascista e nazista: Oswald Spengler, Ernst Jünger, Carl Schmitt e Julius Evola. A segunda geração escreve na segunda metade do século, como uma reação à nova esquerda pós-1968. Seus autores ganham proeminência exatamente na virada do milênio. São eles: o próprio Alain de Benoist (já citado antes), Guillaume Faye, Paul Gottfried, Patrick Buchanan, Jared Taylor, Alexander Dugin e Bat Ye'or. A terceira geração ainda está sendo definida. Ela se manifesta em especial via internet e se caracteriza por ser ainda mais radical que as anteriores. Seus autores são: Mencius Moldbug, Greg Johnson, Richard Spencer, Daniel Friberg e Jack Donovan.

Esses pensadores possuem grande influência na chamada virada conservadora global. Ainda que tenham diferentes filiações e vertentes – nacionalistas e supremacistas brancos, libertários, neorreacionários, masculinistas etc. –, eles atuam em rede e compartilham

---

33. SEDGWI, Mark (org.). *Key Thinkers of the Radical Right*. Oxford: Oxford University Press, 2019.

alguns pontos em comum, que são fundamentais para entender a nova direita global e, em última instância, como ela chega ao Brasil. Os autores possuem uma visão apocalíptica: acreditam que a civilização ocidental, europeia e branca está sendo atacada. A responsável por isso seria uma elite global cosmopolita e liberal (também chamada de globalista). A solução, portanto, é criar a política da amizade e inimizade, que separa o *nós* (branco e europeu) do *eles* (todo o resto que deve ser segregado). Por fim, eles reivindicam o que chamam de "metapolítica", que é a necessidade de disputar a hegemonia política e ocupar espaços do conhecimento para discutir todos esses temas.

Assim, apesar da bizarrice dos defensores da tese de que a Terra é plana, a base da nova direita também não é anticiência. Ela se coloca, sim, contra o dinheiro público investido na ciência, que acreditam contentar apenas uma elite intelectual, mas entende que é preciso disputar estrategicamente espaços legitimados. A publicação de um artigo que fazia elogios ao colonialismo na revista *Third World Quarterly,* em 2017, chocou a comunidade científica global, gerando protestos de acadêmicos do mundo todo.[34] Esse escândalo ocorreu em uma das mais prestigiosas revistas científicas do mundo, deixando bastante claro que o que está em jogo hoje não é um mero desprezo pelo conhecimento, mas, antes, uma luta por novas (ou bastante antigas, na verdade) fontes de conhecimento.

Ignorar que o avanço conservador também está equipado em uma narrativa é um erro estratégico. Até mesmo os terraplanistas, que representam a contestação científica mais extrema e sintomática de nossos tempos obscuros, procuram desenvolver redes, teorias e seminários para provar seu ponto. A partir desse tipo de perspectiva, surgem os antiglobalistas e antiaquecimento global. No primeiro caso, há uma crença de que a globalização é um projeto que favorece uma elite intelectual marxista. No segundo, contesta-se o conhecimento sobre a saúde do planeta, cujas evidências vêm sendo

---

34. A revista decidiu retirar o artigo do ar, como pode ser verificado no link: <https://www.tandfonline.com/doi/abs/10.1080/01436597.2017.1369037>. Acesso em 16 set. 2019.

construídas há décadas. E esse mesmo modelo de questionamento funciona para tudo: para se discutir gênero, sexualidade, meio ambiente, cultura, globalização e política.

Cada um desses temas possui um campo de ação, uma "genealogia" e interesses particulares, e passaram a se consolidar no final do século XX. A disputa pelo meio ambiente, por exemplo, é conduzida por um grupo bastante distinto, mais focado em interesses econômicos industriais e produtivos. Já a disputa de conhecimento sobre os temas de gênero e sexualidade tem uma longa história internacional. No cerne do interesse, encontram-se redes transnacionais religiosas, militares e conservadoras que espalham o pânico moral anticomunista e financiam projetos, instituições e grupos nesse âmbito desde os anos 1960.[35] Essas áreas de conhecimento estão unidas hoje não porque fazem parte de um mesmo campo homogêneo, mas porque a crise global do século XXI abriu uma fissura no sistema internacional, permitindo que diferentes grupos, de origens diversas e distintos interesses econômicos, políticos e religiosos, se articulassem em um pacto de governo de extrema-direita.

Não diria que a extrema-direita possua um plano claro em mente, mas estão aprendendo rápido e sabem para onde querem ir – o que nem sempre se aplica à esquerda hoje. O campo progressista, por seu turno, está naturalmente fragmentado e reativo. E vejam que ironia: sempre foi papel da esquerda questionar a globalização e o imperialismo dos valores burgueses dos direitos humanos. E agora é a direita quem está promovendo, pelos meios errados (para retroceder, e não avançar), o debate que nós deveríamos estar conduzindo. Agora, a esquerda se vê obrigada a ser a guardiã dos direitos humanos e da globalização. Fazemos isso de forma reativa, sem projeto e sem direção. Mas vale lembrar que em toda crise há oportunidade. Esse é um ótimo momento, portanto, para repensar não apenas projeto e direção, mas também disputar as noções de verdade estabelecidas, ou seja, repensar que tipo de globalização, de organização

---

35. COWAN, Benjamin. *Securing Sex*: Morality and Repression in the Making of Cold War Brazil. Chapel Hull: UNC Press Books, 2016.

do sistema mundial e de direitos humanos queremos. E uma vez que iniciarmos essa autorreflexão, será preciso não apenas disputar regimes de verdades nos antigos canais, mas criar novos canais para falar com a juventude, que hoje, no Brasil e no mundo, está muito mais à mercê da máquina comunicativa dos conservadores.

Quando Michel Foucault afirmou que conhecimento é poder, ele estava se referindo à consolidação dos discursos de dominação. O colonialismo e o imperialismo europeu não dominaram o mundo sem uma parcela significativa de intelectuais e *experts* a seu dispor. Hoje nos deparamos com a necessidade de voltar a defender o óbvio, ou melhor, aquilo que parecia óbvio, aquilo que acreditávamos que já havíamos superado. Mas não superamos. Se há algo positivo nisso tudo é não nos deixar esquecer que conhecimento é poder, mas também é resistência: precisamos conhecer o outro lado e, sobretudo, lembrar que o senso de humanidade, a justiça, os direitos humanos e a equidade é uma verdade que nunca foi totalmente construída, e, portanto, ainda precisamos lutar por ela de forma crítica.

ÓDIO, SUBSTANTIVO MASCULINO

Com o corpo halterofilista tatuado, vestindo calças e camisetas justíssimas e com a cabeça raspada, o escritor norte-americano Jack Donovan incorpora a hipermasculinidade em suas aparições públicas. Sua vestimenta remete a guerra, caça, *vikings*. No capítulo anterior, mencionei que Donovan aparece na obra *Key Thinkers of the Radical Right*, em que é listado como um dos 15 mais influentes pensadores da extrema-direita de todos os tempos e um dos 5 mais relevantes e inovadores da nova geração de intelectuais direitistas. Longe de ser um fenômeno isolado, o autor da moda move corações e mentes, inclusive no Brasil.

Segundo o perfil realizado pelo escritor Matthew Lyons para o livro, Donovan é o responsável pela radicalização da misoginia na extrema-direita. Os cristãos da direita norte-americana atribuem à mulher um papel submisso aos homens, mas elas ainda têm um lugar de afeto e significado. Já o movimento de nacionalistas e supremacistas brancos, o *alt-right*, considerou por muito tempo que as mulheres podiam contribuir para a causa. Donovan, porém, sequer eleva o sexo feminino ao status de humanidade. Sua teoria de supremacia masculina – ou "anarcofascista" – glorifica o corpo do homem e exclui o das mulheres.

Suas ideias? O globalismo e a civilização feminilizam a raça humana, enfraquecendo a natureza viril do homem, que encontra sua essência na hostilidade. Recorrendo à filosofia de Nietzsche, ele naturaliza a escravidão e os genocídios e recomenda libertar as mentes tribais. O "tribalismo bárbaro", para ele, significa atuar em gangues e seguir a natureza predadora e violenta dos homens, criando comunidades de esportes, artes marciais e caça.

Donovan é homossexual, mas repudia a cultura gay – sem que isso signifique um apoio aos héteros. Para muitos machistas como ele, a heterossexualidade e a família nuclear são degenerativas, porque pressupõem uma associação com mulheres. O autor se coloca como um "evolucionista", reivindicando a volta a um passado em que a mulher teria uma função apenas reprodutiva, e as relações sexuais entre os homens seriam as desejadas. Mulheres, então, seriam meros troféus da bravura desses guerreiros. Tanto em seus livros, traduzidos para diversas línguas, quanto em suas palestras, que arrancam aplausos emocionados da plateia, Donovan faz um alerta: as mulheres estão tendo um papel dominante no mundo em todas as esferas da vida social. Elas estão atacando os homens, que são vítimas. Desse modo, ele faz também um chamado revolucionário: os homens estão confusos e perdidos em sua essência. Eles precisam se unir para resgatar a própria honra e reencontrar o propósito da sua existência.

Ideias de Donovan no Brasil

Em várias de suas colunas no site da revista *CartaCapital*, a analista feminista Joanna Burigo vem chamando a atenção para como devemos interpretar o momento político atual via lógica do patriarcado: basta se lembrar da famosa foto da composição ministerial do governo Temer, contando apenas com homens brancos. Antes disso, o impeachment da primeira mulher presidenta do Brasil veio com a mensagem "Tchau, querida". Cidadãos comuns colavam em seus carros um adesivo representando Dilma Rousseff de pernas abertas, de modo que, quando abastecessem o veículo, a bomba de gasolina fosse enfiada em sua vagina. E por falar em vaginas, houve também quem dedicasse o voto a favor do impeachment ao coronel Brilhante Ustra – não por coincidência um torturador que enfiava ratos nas partes íntimas das mulheres. E também não por coincidência, esse homem se tornou presidente da República apoiando-se bastante em uma promessa específica: liberar as armas.

Esses episódios não são aleatórios. Nos últimos anos, o Brasil tem legitimado e mobilizado a misoginia, outrora dispersa e envergonhada. Donovan é, na verdade, uma caricatura de uma moral masculinista – que significa supremacia masculina – que está por toda parte: do Palácio do Planalto ao homem comum que se sente autorizado a matar uma mulher-propriedade. (Provavelmente, não é mera coincidência o fato de que, na era bolsonarista, os casos de feminicídio têm aumentado de maneira exponencial.)

Com uma ajudinha de dólares, *bots* e "Bannons", ideias extremas viajam longe – e se disfarçam de piadas e memes. Nos grupos masculinistas da chamada *deep web*, uma parte da internet cujo conteúdo é ocultado da maior parte do público, o nome de Donovan é um dos mais citados. Mas, para além dos porões da internet, os seguidores do norte-americano – assim como os de Olavo de Carvalho, por exemplo – fazem vídeos e textos explicando sua teoria. De maneira mais simples e aceitável, eles dão o passo a passo de como ser homem de verdade, de como organizar uma gangue, ou explicam por que a violência é necessária para manter a ordem. Aos poucos, esses pensamentos chegam ao grupo de WhatsApp da família. Basta se lembrar de qualquer mensagem "inocente" que diz que o PT fez muito pelas minorias e que o problema do mundo é o feminismo.

Ideias como as de Donovan terão sempre eco no universo de homens ressentidos com a economia e rejeitados no sexo. É claro que a reprodução mais direta de sua obra no Brasil ocorre nos grupos de masculinistas organizados pela internet. Mas, como antropóloga que estuda grupos populares, ou seja, "pessoas comuns", mais do que movimentos organizados, intriga-me como tais ideias extremas podem fazer sentido para o pai de família, o motorista de Uber, o vigilante e o jovem que se alia ao tráfico. Muitos desses perfis podem não ler os livros de Donovan, mas vivem em um país que, cada vez mais, autoriza a eliminação de "fraquejadas" no plano simbólico e concreto e mantém uma relação de idolatria com as armas.

Crises econômicas têm um papel fundamental na formação de subjetividades, emoções e frustrações das pessoas. No Brasil, é impossível separar a crise econômica da crise do macho. Ao longo da pesquisa que fiz com a Lucia sobre eleitores de Bolsonaro, não foram poucas as vezes que nos deparamos com uma moral machista extrema dissolvida em água com açúcar.

Era o caso do homem que não conseguia nos explicar com argumentos por que apoiava Bolsonaro, mas logo depois postava no Facebook que seu voto se justificava porque "Pabllo Vittar deixaria o país" em caso de vitória do ex-capitão. E dos adolescentes que sonhavam em ter armas e chamavam as meninas do grêmio estudantil de "vagabundas maconheiras". E do motorista de Uber que falava que "agora é tudo 'viva as vadias'... O mundo tá de cabeça para baixo".

Esses homens, muitas vezes, não eram monstros nem militantes masculinistas. Muito pelo contrário: eram gentis, estudantes que sonhavam ter um emprego, trabalhadores honestos. Em comum, o fato de serem machos em crise que experimentavam o que filósofo norte-americano Jason Stanley chama de ansiedade sexual, termo usado para decrever o medo que os homens têm de perder poder na hierarquia patriarcal, especialmente diante da ascensão do feminismo – o que, no fim das contas, é um dos pilares da lógica fascista. E aí volto à questão da crise econômica, porque ela desestabiliza o papel estruturante da identidade de muitos homens: o de provedor.

Durante a pequisa, eu e Lucia encontrávamos o tempo todo homens desorientados, endividados, sem perspectiva de futuro e desesperados para ter um revólver. No plano prático, motoristas de aplicativos diziam querer se armar para se defender dos possíveis assaltantes. No plano simbólico, rodeado por uma narrativa moral acerca de um mundo perdido, ficava evidente que eles queriam se armar contra uma realidade que liam como desgovernada e, sobretudo, que não controlavam mais.

No livro *Angry White Men* [Homens brancos com raiva], Michael Kimmel faz o relato do medo do cidadão branco norte-americano que apoiou Donald Trump. Os sujeitos a que ele se refere fundem dois sentimentos potentes: o senso de privilégio perdido e o senso de vitimização. São indivíduos que acham que merecem ganhar, mas pensam que tudo tem sido dado às minorias. São homens que se sentem humilhados e desonrados. O voto em Trump é um voto de raiva, mas é também um ato de fé na promessa do retorno a um passado perdido.

Durante o crescimento econômico, nossos sentimentos e, principalmente, nossa esperança tendem a se expandir junto com a ambição nacional. Na retração, nosso "eu" também se contrai. É como um corpo com baixa imunidade que fica propenso a infecções, no qual afloram colônias bacterianas adormecidas. No patriarcado, em tempos de recessão, um homem em crise de identidade é um ser reativo que vê a ascensão das mulheres como uma ameaça. A ideia de que existe um plano de dominação feminista pode fazer todo sentido para um sujeito desempregado, frustrado e destituído de essência. Formar o Clube do Bolinha, culpar e até matar as Luluzinhas pode ser um caminho fácil para a satisfação imediata do ego. O que autores como Donovan fazem, por meio de uma narrativa simplista, mas perfeitamente encaixada, é atingir o âmago íntimo da constituição desses sujeitos, oferecendo-lhes um propósito de vida e o paraíso perdido.

Relendo especialistas em fascismo e masculinidade, como os já citados Stanley, Kimmel e Lyons, dei-me conta de algo óbvio. Esses autores levantam diversos exemplos que mostram como tempos de recessão são um terreno fértil para o retorno de narrativas supremacistas que vão e voltam desde o século XIX. Entretanto, nesse vai e vem discursivo, há algo incontestável e que não pode ser esquecido: o ataque é uma retaliação a uma trajetória consistente e ascendente de conquistas feministas. Como escreveu Kimmel, apesar de ainda termos muito por que lutar na conquista dos direitos dos mais vulneráveis, o arco da história caminha em direção à justiça. Alguns podem reivindicar a volta ao tribalismo bárbaro, mas a única verdade nisso tudo é que a história de conquistas das mulheres é um caminho sem volta.

ATO II
O RECUO DA ESQUERDA

DA ESPERANÇA AO ÓDIO

Morador de um beco da periferia de Porto Alegre, Zeca, 52 anos, vivia pedindo dinheiro para comprar leite em pó para sua filha com deficiência motora e cognitiva. Em 2015, quando ele ganhou uma boa grana de um processo na Justiça, a questão do leite parecia finalmente estar resolvida. Mas não. Ele foi direto a um shopping e gastou todo o valor em um tênis de marca, deixando muita gente perplexa. Assim ele explicou:

> Todo mundo se comove com minha filha, e leite não vai faltar. Mas ninguém se importou comigo quando quase morri de frio na fila do posto tentando interná-la, ninguém se importa quando sou perseguido pelos guardas de shopping como se fosse ladrão só porque sou pobre. Eu tenho direito de ter coisa boa

também. Agora que eu comprei as roupas à vista, me respeitam. Volto no shopping sempre que posso só para passar na frente da loja e ver os vendedores dizerem: "Oi, senhor Zeca!". *Eles dizem meu nome.*

O poder de compra passou a ser um meio fundamental de reconhecimento, visibilidade e cidadania entre as camadas populares na era Lula. Na história de Zeca, um tênis de marca é um objeto que faz com que ele "se sinta gente" na sociedade. Ao mesmo tempo que a inclusão via consumo empoderou pessoas, é fundamental pensar sobre esse tema de forma crítica. Não é possível avançar em uma reflexão sobre a atuação da esquerda brasileira nos últimos anos sem analisar os aspectos positivos e negativos dessa política lulista.

Esperança

A periferia de Porto Alegre é um bom laboratório para observar as transformações políticas recentes do país. A cidade, governada pelo PT por dezesseis anos (1990-2006), foi um dos berços do Orçamento Participativo (OP) e um dos símbolos do Fórum Social Mundial. A capital gaúcha era internacionalmente conhecida como um modelo de democracia radical. Hoje, a realidade é outra: Bolsonaro venceu em todos os bairros.

Durante os governos do PT, as reuniões do OP eram um canal fundamental de mobilização social. Seu maior legado foi fomentar o espaço coletivo, dando à mulher pobre a oportunidade de pegar o microfone e falar sobre suas prioridades.

Após anos de mobilização popular, com a vitória de Lula em 2002, iniciou-se uma nova era do PT, o lulismo, caracterizada por políticas de redução da pobreza e inclusão social e financeira em conciliação com as elites. Mas a relação entre o Estado e a população mais pobre se tornava mais individualizada e despolitizada a cada dia, demandando menos esforço na construção do coletivo. O recado do governo para as camadas mais vulneráveis era mais ou menos assim: "Toma aqui o seu cartão Bolsa Família, cumpra o *checklist* e tchau". Aos poucos, houve uma gradual desmobilização das bases petistas e o esvaziamento da lógica coletiva. Mas isso não era um problema enquanto a economia ia de vento em popa.

O Brasil resistiu à crise econômica internacional de 2008 (a "marolinha") e atingiu seu pico de crescimento econômico (7,5%) em 2010. A taxa de desemprego caía de modo consistente. Pouco a pouco, o país ganhava respeito como economia emergente e protagonista democrático no sistema internacional. No plano social, mais do que a transformação das instituições, o lulismo focou o acesso a direitos, universidades, crédito e bens materiais. As novas classes médias e os pobres andando de avião pela primeira vez se tornaram emblemas nacionais. Vale notar que o verbo "brilhar" foi amplamente utilizado por acadêmicos e formuladores de políticas públicas para descrever essa fase marcada pela esperança e emergência de uma nação.

Mas como esse grande momento nacional impactou a visão de mundo dos sujeitos de baixa renda? Quais os resultados das políticas neoliberais na democracia? No artigo "Citizens as Customers" [Cidadãos como clientes], o sociólogo alemão Wolfgang Streeck pontua que o capitalismo superou a estagnação da década de 1970 empoderando os consumidores, o que causou uma espécie de invasão do mercado à vida social. O que ele chama de "socialização pelo consumo" é mais individual do que coletivo e cria indivíduos que seriam menos integrados socialmente e menos comprometidos na esfera pública. Clientes são satisfeitos de imediato pelos bens que compram; clientes são mimados. Quando os cidadãos são transformados em clientes, eles ficam insatisfeitos com os bens públicos e têm "menos paciência" com a vontade geral, o que resultaria em apatia política.

Na mesma direção, autores que analisam a formação das ideias políticas no neoliberalismo, como Wendy Brown, Pierre Dardot e Christian Laval, Li Zhang e Aihwa Ong, entre outros, entendem o consumo como parte de um processo de hiperindividualização e competição. Dessa forma, o mercado invade todas as esferas da sociedade e atinge a conduta humana, causando uma espécie de "privatização do eu", uma busca permanente por prazer, esvaziando o tecido político social.

Sob o ponto de vista da política econômica brasileira, em particular, autores como Chico de Oliveira, Ruy Braga e Lena Lavinas chamam atenção para o fato de que a adoção de políticas públicas neoliberais contribui para a despolitização do Estado, tornando-o um braço gestor do mercado financeiro. Para Lavinas, os governos petistas promoveram avanços sociais fundamentais, mas não chegaram a romper com o regime macroeconômico vigente no país, que era, em sua essência, bastante neoliberal, e levou à redução da provisão de bens públicos.

Diversas correntes de pensamento, portanto, concordam em alguma medida que políticas públicas neoliberais, como a inclusão financeira e pelo consumo, levam à erosão da democracia, à retração de bens públicos e ao esvaziamento da política na esfera social. Nesses anos acompanhando os "novos consumidores", vimos os espaços coletivos minguarem, os bens públicos se degradarem e o tio do pavê se achar superior a seus vizinhos por comprar um carro. É inquestionável que o foco na inclusão pelo consumo causou enfraquecimento democrático em muitos níveis. Mas essa não é a história completa. Em paralelo, a decisão do governo trouxe também um despertar político e uma transformação na autoestima e no orgulho dos indivíduos de baixa renda, o que chamo de autovalor.

Quanto mais as pessoas compravam "coisa boa", mais conscientes se tornavam do quanto as elites não engoliam a figura do pobre orgulhoso. Para as camadas mais ricas, pobre tem que ser eternamente humilde, servil e grato pelas migalhas que ganha. Em uma sociedade que joga na cara o tempo todo que os pobres não são merecedores das coisas boas, a aquisição de bens de prestígio pelas camadas populares é um ato poderoso de enfrentamento de preconceitos. Como disse Kátia, 37 anos, sobre seu recém-adquirido par de óculos de marca:

> Eu sei que quando uma negona como eu usa um Ray-Ban® no ônibus, fedendo a água sanitária, as pessoas pensam que é pirataria. E eu me importo? [Gargalhadas] Dane-se, racista! Eu estou me achando uma negona muito gostosa e chique.

Betinho, 17 anos, me disse uma vez que seu boné da Nike® era como uma capa de super-herói: "Eu deixo de ser o pobre favelado que ninguém vê".

Talvez o efeito político mais importante da inclusão pelo consumo tenha sido um processo inicial do que chamamos de insubordinação. No livro *Laughter Out of Place* [Risada fora de lugar], de Donna Goldstein, é descrita uma cena em que uma patroa leva sua empregada a um restaurante em Copacabana nos anos 1990. A trabalhadora doméstica fica constrangida, sem saber como agir naquele lugar, ao qual ela sente que não pertence. O Brasil do século XXI é justamente o contrário: um país onde os mais pobres começavam a achar que eram merecedores de "coisas boas" e cada vez mais se sentiam à vontade para transitar num shopping ou num aeroporto.

Kátia prosseguiu falando dos óculos: "Eu ponho meu Ray-Ban® e subo no elevador social de cabeça bem erguida". Em um ato microscópico, ela contestava a segregação social e racial dos espaços em que transitava. Isso também ocorreu na época dos rolezinhos. Nossos interlocutores não eram mais os meninos de gangues que, anos atrás, assaltavam na calada da noite para ter um boné. Eles se orgulhavam de estar trabalhando e gostavam de ir ao shopping, no qual entravam pela porta da frente, como faziam questão de enfatizar.

O ato de adquirir bens de status embaralha o monopólio de símbolos de prestígio das elites e ameaça romper as relações servis que se perpetuam desde a escravidão. A autonomia de se comprar o que se deseja pode causar uma reação social devastadora. Não foi à toa que, como descrito no capítulo "A Revolta do Rolê", os shoppings literalmente fecharam as portas para os jovens de periferia durante os rolezinhos. Era insuportável uma meninada brincando, cantando, namorando, comprando. Era intolerável ver a autoestima dos filhos dos novos consumidores. Era a metáfora do novo Brasil: o autovalor do pobre e o recalque das elites.

Ódio

Quando falamos em "esperança" para nos referirmos à era Lula, sempre ressaltamos que se tratava de uma esperança precária. Ou que havia ódio em meio ao sentimento. Apesar da crescente insubordinação, nossos interlocutores falavam do ato de comprar como uma espécie de "último desejo", demonstrando uma profunda consciência dos limites dessa inclusão.

Basta relembrar a história de Zeca, cujo prazer de ser chamado pelo nome após ter realizado uma compra cara veio em meio a uma narrativa que enfatizava que ele quase havia morrido na fila do SUS. Dona Neli, 57 anos, trabalhadora doméstica e mãe de 16 filhos, sempre dizia que as meninas da favela engravidavam cedo e que os meninos morriam pelo tráfico. Ela não poderia dar uma casa ou pagar universidade para as crianças, então comprava roupa boa, porque "dignidade na aparência é só o que eu posso dar". O pessimismo da narrativa não podia ser mais preciso: seu filho, Betinho, aquele mesmo que dizia que seu boné da Nike® era uma capa de super-herói, foi assassinado com 12 tiros em uma chacina do tráfico. O Brasil mudava rapidamente para melhor, mas também é verdade que as estruturas racistas, classistas e violentas se mantinham quase inalteradas.

Em 2014, o país entrou em uma profunda crise econômica e política e, em Porto Alegre, também de segurança pública. O resultado foi a degradação da vida cotidiana da periferia. Em pouco tempo, a grande narrativa de um país emergente e do "direito de brilhar" colapsou. Grande parte da esquerda predominante desdenhou da crise econômica, mas foram os pobres que a sentiram na pele. Os participantes de nossa pesquisa agora compravam e sonhavam menos. Com dificuldade de encontrar trabalho, não tinham mais cartões de crédito. Estavam com o nome sujo na praça, endividados em um sistema bancário com alguns dos maiores juros do mundo.

Para muitos, o principal ganho da era Lula foi conforto material. Agora, com a crise, eles não podiam mais comprar as coisas que tanto adoravam. Também perdiam em assaltos os poucos itens que restavam. Cássio, 18 anos, ex-rolezeiro, caixa de supermercado, foi assaltado duas vezes pelo mesmo sujeito na parada de ônibus na volta do trabalho, às 23h. O celular roubado custara o salário de um mês inteiro – em quem será que Cássio votou para presidente?

Ao perderem seus bens, as pessoas perdiam junto um pilar de sua identidade, reconhecimento e cidadania, gerando uma crise que também foi existencial, uma crise de autovalor. Nada mais restava, nem os bens públicos, que se encontravam ainda mais deteriorados. A angústia, a violência e o desalento cotidiano foram vividos de maneira individual, já que os fóruns comunitários foram esvaziados. Não havia mais nenhuma política de base de esquerda no cotidiano da periferia. O que restou então? Uma mídia hegemônica que apenas batia na corrupção do PT, igrejas evangélicas oferecendo conforto e um candidato autoritário prometendo, pelo WhatsApp, revolucionar o país. Como já apontei, entre 2014 e 2018, o Brasil viveu num limbo, em que um vácuo político tomou forma e ficou pronto para ser preenchido.

Para avaliar os recuos da esquerda nos últimos anos, é imprescindível colocar na balança os impactos positivos (insubordinação) e negativos (desdemocratização) da inclusão financeira e via consumo. Todavia, responsabilizar essas políticas pelo que ocorreu no Brasil é um ato simplista e até leviano. A virada conservadora é, acima de tudo, resultado de uma articulação poderosa das elites políticas do país que vem ocorrendo desde 2014. No que se refere à esquerda que estava no poder, o problema não foi a inclusão pelo consumo em si, mas a forma como ela foi feita: a soberba da confiança de que só ela bastaria, sem mexer de forma profunda na estrutura da desigualdade social. O problema foi ter virado as costas para as periferias, acreditando que somente a autoestima dos novos consumidores seria suficiente para produzir uma fidelidade partidária eterna.

BANDIDO BOM É BANDIDO MORTO

Maycon, 23 anos, um jovem negro de baixa renda, tem um irmão na cadeia, sonhava em ser policial e defende veementemente a pena de morte e o armamento da população contra o que chama de "direitos dos *mano*". Eleitor convicto de Lula, ele gostaria de leis menos frouxas para "a bandidagem".

Nas rodas de conversa que realizei com adolescentes das periferias de Porto Alegre, eleitores de Bolsonaro seguiam a mesma orientação punitivista e demonstravam solidariedade à polícia, que deveria ter o direito de matar. Em um paradoxo, esses mesmos meninos relatavam um cotidiano de humilhações em abordagens policiais abusivas. "Se eu não estiver vestido como humilde e não estiver de cabeça baixa, [ou seja], se estiver de cabeça erguida e com boné de marca que me associe aos *mano*, eles me param, dão porrada e me jogam no chão", contou Pepe, de 17 anos.

O número de mortes decorrentes de ações policiais teve um aumento vertiginoso no Brasil. Em quatro anos, no Rio, quase dobrou. De acordo com relatório do Instituto de Segurança Pública do Rio divulgado em 2018, a média mensal de 48,6 mortes em 2014 passou a 127,8 em agosto do ano da publicação. Em todo o país, 5.144 pessoas foram executadas por policiais em 2017, segundo o Atlas da Violência de 2018.[36] Este é o maior número já registrado pelo portal desde 2013. Se partimos do princípio de que 71% dos homicídios ocorrem entre jovens negros e pobres, podemos supor a cor e a classe dessas vítimas da violência fardada.

Olhando para esse padrão, o conservadorismo de Maycon e Pepe parece não fazer sentido. Eles mesmos podem ser o próximo "bandido bom" e "morto". A pergunta que precisa ser respondida é: por que vítimas em potencial da violência de Estado muitas vezes se colocam em defesa da polícia, banalizando as execuções extrajudiciais?

Estudos antropológicos recentes têm apontado que uma das características do bolsonarismo é justamente uma espécie de "militarismo desde baixo",[37] ou seja, uma maior adesão ao trabalho policial nas camadas populares. Todavia, é preciso pontuar que o grau de solidariedade com a figura do policial varia de acordo com o contexto. Nas favelas do Rio, marcadas pela atuação genocida, e em boa parte das quebradas de São Paulo, onde ocorre um quinto das execuções, a situação pode ser diferente do restante do país. Em ambas as cidades, como reação aos altos índices de abuso, há um ativismo bastante forte contra a violência policial, o que pode alterar o grau de solidariedade da população de baixa renda com a atuação da polícia.

Já Maycon e Pepe são personagens da periferia de Porto Alegre. Fora dos grupos de ativistas ou do hip hop da cidade, esses sujeitos que parecem jogar contra si próprios são mais comuns. Conver-

---

36. IPEA. *Atlas da violência 2018*. Disponível em: <http://www.ipea.gov.br/portal/images/stories/PDFs/relatorio_institucional/180604_atlas_da_violencia_2018.pdf>. Acesso em 16 set. 2019.
37. Termo empregado pelo sociólogo Gabriel Feltran em uma palestra no Congresso de Antropologia de Portugal em 2018.

sando com professores de escolas públicas de Fortaleza ou lendo o livro de Juliano Spyer, *Mídias sociais no Brasil emergente*, sobre uma região periférica da Bahia, fico com a sensação de que, no senso moral de um Brasil profundo e popular, essa aparente contradição é mais corriqueira do que se imagina.

Nossa herança colonial revela a construção de um imaginário partido em dois num país também dividido: um branco, civilizado e seguro, e outro negro, bárbaro e perigoso. Com a teórica feminista bell hooks e a pesquisadora Teresa Caldeira, aprendemos que a noção de segurança faz parte das crenças dominantes, nas quais se entende que o perigo reside do lado de fora. Mas a teoria do pensamento social brasileiro alerta para o fato de que a construção da "marginalidade" também produz uma figura central em nosso imaginário: a do "vagabundo", desviante e desestabilizador da ordem e, portanto, criminalizado e desumanizado.

Existem muitas formas de a figura do vagabundo se perpetuar. Programas como o *Brasil Urgente*, de Datena, fazem isso, mas nada se compara ao novo gênero de espetáculo da violência que são os vídeos caseiros que circulam no WhatsApp entre as camadas populares. Como narra Spyer, trata-se de um universo à parte, um demarcador de classe que se caracteriza pela espetacularização do sangue, do sexo brutal, dos tiros e das facadas. Uma violência-ostentação, filmada e fofocada nas comunidades.

Enquanto escolhia as palavras para escrever este texto, tremendo, eu tentava me recompor do aperto no peito e do enjoo após assistir a um vídeo de uma execução a sangue-frio, com 29 tiros, de um homem pelo tráfico. Depois, recebi outro, de traficantes com fuzis atirando para o alto.

Como Spyer aponta, essas imagens circulam como uma forma de indignação pela impunidade, mas também como um poder disciplinador e moralizador. Aqui vale também reparar que os vídeos de execuções são sempre de traficantes, sem limites e audaciosos, que agem dentro de um faroeste sem lei, enquanto as execuções policiais quase nunca são filmadas (por razões óbvias) e, portanto, são menos presentes no imaginário popular.

Nessa violência ordinária, reside uma sensação de impunidade e insegurança que atinge justamente os mais pobres. Por isso, a segurança pública é um dos temas mais dramáticos e urgentes do Brasil. Ainda que a esquerda tenha esse eixo como central em sua atuação por direitos humanos e nos debates sobre encarceramento em massa, por exemplo, ela tem falhado em sua comunicação com o brasileiro médio que é violentado em assaltos todos os dias.

Beto, motorista de Uber e eleitor apaixonado de Bolsonaro, viu metade de seus amigos de adolescência morrer pelas mãos do tráfico ou da polícia. Em uma corrida, ele sofreu um assalto que não levou apenas seu dinheiro e celular, mas também sua dignidade: o assaltante o obrigou a ficar "de quatro" e implorar por sua vida. Mauro, 22 anos, vigilante noturno, mostrou a mim e a Lucia um vídeo de seu primo "folgado" na prisão: jogando futebol e assistindo à Netflix. "Ele está melhor que eu: tem comida, tem seriezinha." Histórias como essas, de bandidos que passam bem na prisão e depois voltam a assaltar, sempre circulam. Como disse Beto: "É justo eu trabalhar doze horas por dia e esses vagabundos levarem tudo que eu tenho e terem tudo de mão beijada?".

A sensação de injustiça de Beto faz sentido lógico quando entendemos que um jovem de periferia que consegue estudar e trabalhar é uma pessoa que venceu uma corrida de obstáculos, por meio de muito esforço individual e de uma rede de suporte familiar, diante do apelo do tráfico de um lado e da omissão do Estado de outro. Construir-se como "honesto" é uma saga radical de sobrevivência. Existe aí uma comunhão de valores meritocráticos e punitivistas desde baixo. Muitas pessoas, especialmente homens, pobres, mas não extremamente pobres, pensam que o PT fez muito para os "bandidos" e nada para eles.

Não é nada fora do comum que muitos sujeitos das periferias reproduzam a ideologia antipovo para serem aceitos na sociedade. Eles precisam culpar o bandido para justificar as próprias escolhas.

De intelectuais como William E. B. Du Bois a Cornel West, a noção de "dupla consciência" tenta dar conta da identidade conflituosa de sujeitos (negros) que sofrem preconceito, mas também procuram se enquadrar na norma. Os meninos que pedem punitivismo vivem esse dilema existencial: sabem que podem ser as próximas vítimas, mas negam as estatísticas do encarceramento em massa e da brutalidade da polícia.

A maioria de nossos interlocutores de pesquisa tentou carreira militar. Muitos não passaram e seguiram outros caminhos, como Maycon, que hoje faz curso de vigilante e está sonhando com o momento em que vai ter porte de armas. Nesse universo de múltiplas violências, ter uma arma significa não ficar mais "de quatro". É a promessa de se defender, mas também de ser respeitado com um símbolo de poder. O que está em jogo é a permanente pulsão pela vida e pela morte. As armas são uma linguagem aprendida desde a infância em brincadeiras de bandido e ladrão que simulam execuções sanguinárias. Elas também representam virilidade: os fuzis levantados dos traficantes estão lá, fálicos, para reafirmar o poder masculino.

Antes de julgar o conservadorismo popular, é preciso colocar as coisas em perspectiva e lembrar que, na maioria das vezes, o amparo para as pessoas de baixa renda vem da religião, da família e das ações coletivas e movimentos sociais, mas raramente do Estado. Não se pode esperar que brotem almas democráticas e contestadoras de pessoas cujo contexto, desde o espancamento que receberam do pai até a lição que levaram da polícia, é marcado pela violência.

Os que apanham da polícia real, mas torcem pelo policial ideal estão apenas expressando a própria contradição. Se elegemos um fascista presidente, e se parte dessa votação veio das classes populares, a responsabilidade por isso é, sobretudo, do ódio de classe, do racismo e de décadas de omissão do Estado. Os que apanham da polícia real, mas torcem pelo policial ideal estão apenas expressando a própria contradição do modelo de nação brasileira.

Bolsonaro atinge o âmago de uma parte da cultura popular e masculina. Ele atiça o punitivismo das pessoas. Quando o presidente, na época ainda em campanha, fala ao vivo no *Jornal Nacional* que, se um bandido tem um fuzil, o policial e o cidadão de bem precisam ter um fuzil maior, "e não uma flor", ele não choca, mas alcança o íntimo de uma grande parte da população que pede violência na mesma medida em que é violentada.

AS MALAS DO GEDDEL

A situação é a mais banal possível. O lixo estava tomando conta de uma área do Morro da Cruz, periferia de Porto Alegre. Os moradores pediram de todas as formas que o caminhão de lixo passasse lá e recolhesse o material, porque a situação sanitária já estava crítica. O mesmo ocorreu com a pracinha abandonada, com o poste caído, com a goteira da escola e com o buraco no asfalto. A vida dos locais consiste em esperar para serem atendidos na fila do SUS e ter seus filhos sem escola. Em uma das maiores áreas periféricas de uma capital brasileira, simplesmente não há uma escola de ensino médio. Faltam creches. A conexão também é ruim, porque as empresas provedoras de internet não acham lucrativo disponibilizar rede no topo do Morro.

Nenhum agente do poder público apareceu para resolver a questão do lixo e da praça. Quem solucionou o problema foi um mutirão da própria comunidade com a ajuda do coletivo no qual trabalha a Lucia. Ninguém aparece por lá, uma região com cerca de 40 mil habitantes. Nem as autoridades do Estado, nem políticos de direita ou de esquerda. Mas o clichê continua firme e forte: em época de eleição, os candidatos chegam em comitiva, dão aquela volta bacana na área, abraçam umas crianças descalças e desaparecem. De repente, a gente vê todas as pessoas, até as moradoras dos becos mais pobres, carregando bandeiras de candidatos e distribuindo santinhos, um serviço que rende de 30 a 70 reais por dia. Já vi muitos amigos se iludindo, dizendo que teriam um emprego no gabinete de um vereador qualquer e depois nem conseguindo ser atendidos por quem prometeu mundos e fundos.

A história é da periferia de Porto Alegre, mas poderia ser de qualquer outra do Brasil. Todos nós sabemos de cor esse roteiro, que se repete ano a ano.

Eu começo este capítulo sobre corrupção lembrando a banalidade do cotidiano das periferias porque há uma tendência do campo da esquerda de desdenhar o assunto, dizendo que não é um problema relevante para o país, mas exagero da mídia e oportunismo da direita (do que não discordo). O ponto é que, para uma grande parte da população brasileira, em especial a mais pobre, a percepção de corrupção é enorme. É uma pauta de tremendo apoio popular. E engana-se quem pensa que é um tema de camadas médias antipetistas. É, sobretudo, uma revolta dos setores mais vulneráveis da população. Todos aqueles que agonizam para que os bens públicos funcionem e só abraçam político em época de eleição acreditam que político é "tudo rico, comendo picanha e rindo do povo", como disse um participante da minha pesquisa com a Lucia, e "tudo farinha do mesmo saco". Isso não é um clichê. É a experiência concreta das pessoas comuns que habitam áreas abandonadas pelo Estado. Essas pessoas sabem que o dinheiro que tinha que ter chegado ao posto ou à escola não chegou. Essas pessoas lidam com políticos cínicos desde sempre. Elas veem na televisão os montantes milionários desviados e roubados e sentem raiva. É uma raiva de quem já cansou de acreditar em político profissional. Uma raiva legítima.

À época do escândalo de propinas da JBS em 2017, as imagens das malas de Geddel Vieira circulavam amplamente. Não era o William Bonner falando que 5 milhões de reais foram desviados para tal político e tal empresa. Eram malas e malas cheias de uma nota azul, uma imagem concreta e poderosa. Estava lá todo o sistema político reunido. Dilma Rousseff tinha sido tirada do cargo em 2016. Se uma parte da população comprou o lobby midiático lavajatista, acreditando, portanto, que o impeachment fora promovido por corrupção da presidenta e do PT, as malas do Geddel lembravam que Michel Temer e Aécio Neves estavam afundados em esquemas promíscuos de corrupção. Foi bem neste momento que Jair Bolsonaro e seu discurso antipolítico saltaram na intenção de votos. Uma pesquisa do Conselho Nacional de Transportes (CNT) mostrou que, de outubro de 2016 a fevereiro de 2017, Bolsonaro cresceu 74%. Durante nosso trabalho de campo com eleitores do ex-capitão, era possível perceber claramente o impacto que o escândalo causava nas pessoas. A percepção popular era de que PT, PSDB e PMDB – ou seja, o sistema político à direita e à esquerda, tal como era estruturado no Brasil – eram "farinha do mesmo saco".

O maior problema do Brasil pode não ser a corrupção, mas a estrutura de desigualdade social que perpetua a cultura de servidão, de um lado, e privilégios, de outro. Contudo, a percepção da corrupção como uma praga nacional não pode ser ignorada, porque sabemos que ela tem impactos profundos na política. Mesmo que tal percepção seja incendiada por uma narrativa midiática e ideologizada – como a valorização da Vaza Jato –, ela ainda assim é fruto da experiência cotidiana das pessoas comuns que se sentem, de maneira legítima, espoliadas pela política. Quando nós, do campo progressista, não oferecemos uma contranarrativa para esses sujeitos, figuras como Bolsonaro ocupam esse lugar.

Em vinte e oito anos de mandato como deputado, Bolsonaro nunca lutou contra a corrupção. Sua agenda era voltada a garantir direitos para os militares e garimpeiros, bem como armar os indivíduos que tivessem propriedade privada. Ele também passou parte de sua vida política focado em questões morais, como o suposto "kit gay". Mesmo com esse histórico, conseguiu transformar a noção de baixo clero em sinônimo de humildade e honestidade. Além, é claro, de adotar uma narrativa raivosa e indignada contra todo o sistema político e seus "vagabundos".

Quando a esquerda diz que o tema da corrupção é apenas alegórico, parte da agenda moral da direita, ela está passando a mensagem de desonestidade para o trabalhador que, às 23h, paga com dificuldade os quatro reais da passagem do ônibus e recebe no WhatsApp uma imagem de malas e malas cheias de uma nota que ele nunca viu antes.

Corrupção é pauta de esquerda

A luta contra a corrupção tem sido deturpada pelo discurso moralizante conservador, que coloca o fenômeno na conta de aspectos como o "caráter" de um povo, uma classe ou um partido. Em grande medida, a causa para que isso ocorra é o vácuo narrativo deixado pela esquerda, que não se apropria da discussão para recolocá-la no rumo correto. Isso implicaria criticar uma perspectiva colonialista que classifica os países em desenvolvimento como "atrasados" (posição amplamente adotada pela direita para culpar a ineficiência do Estado e elogiar a gestão racional do mercado).

Ainda que o clientelismo seja recorrente em diversas sociedades e permaneça forte no Brasil, em especial na compra de votos, o fenômeno a que me refiro aqui ultrapassa a esfera privada do *jeitinho* brasileiro, por exemplo. Chamo atenção para uma ocorrência de maior amplitude, que se refere às transformações do neoliberalismo contemporâneo, caracterizado no mundo todo pelo "sequestro" do Estado pelas corporações. Nesse novo modelo, o poder público passa a atuar como um braço facilitador e protetor do mercado, corroendo a confiança na democracia representativa.

A dependência do Estado em relação ao grande capital é um fato da própria natureza do capitalismo. Uma contribuição de Karl Marx a respeito, em seus livros *O capital* e *Grundrisse*, é justamente mostrar o papel do Estado e da dívida pública no processo de acumulação primitiva de recursos. O capitalismo não nasceu de modo natural: o dinheiro exerceu poder, mas a intervenção do Estado inglês foi decisiva. Ainda no século XVI, o rei Henrique VII teria tentado barrar a exploração, mas já havia se tornado dependente do poder do capital e vulnerável a ele, e estava amarrado à dívida pública no sistema moderno de taxação. A lei se tornara um instrumento por meio do qual a terra era expropriada dos trabalhadores, em uma aliança entre velha aristocracia, nova burguesia e Estado.

Desde a sua gênese, o Estado capitalista tem fracassado sistematicamente em assegurar o bem comum ou garantir os direitos dos cidadãos contra os abusos do mercado, atuando para legitimar a violência sobre os mais frágeis. O antropólogo Akhil Gupta redefine o debate sobre corrupção, chamando atenção para o quanto naturalizamos tragédias, chamando-as de "acidentes" quando, na verdade, são violência estrutural praticada pelo Estado – uma máquina que "permite morrer".[38] É uma contribuição importante que retira o foco de agentes particulares da pequena burocracia para observar os mecanismos estruturais de reprodução de violência do Estado moderno. Nessa perspectiva, grandes escândalos de fraudes em licitações e fiscalizações que culminam em desastres ambientais, como o que ocorreu em Brumadinho e Mariana, constituem regra, e não exceção. O promotor Carlos Pinto fez uma crítica bastante sintética no jornal britânico *The Guardian* sobre a Samarco e o Vale do Rio Doce, pontuando que todos os efeitos estavam focados no retorno das atividades [para estancar o prejuízo], e não na recuperação ambiental.

---

38. GUPTA, Akhil. *Red Tape:* Bureaucracy, Structural Violence, and Poverty in India. Durham: Duke University Press, 2012.

Para o geógrafo David Harvey, a diferença no século XXI é como esse modelo de atuação do Estado atinge proporções inéditas na era da austeridade. A crise de responsabilidade do neoliberalismo atual se dá por uma percepção generalizada de que se faz "para os grandes, tudo, e para o povo, nada". Ao mesmo tempo que a financeirização do livre-mercado, ou seja, o aumento do controle dos bancos sobre a economia e a vida social, e as privatizações são maximizadas, cortes públicos são crescentes e bens coletivos tornam-se cada vez mais deteriorados.

Como pontuei no capítulo "A fraquejada do touro", a primavera global de protestos antissistêmicos do século XXI trazia em sua essência a denúncia contra a relação corrupta entre Estado e mercado. Os cidadãos – os 99% – reivindicavam direitos, bens públicos e democracia radical em face de um sistema econômico e político tido como fundamentalmente imoral. A mesma visão é compartilhada pelo economista ganhador do Nobel Joseph Stiglitz no livro *From Cairo to Wall Street* [Do Cairo a Wall Street], em que diz que havia um saturamento da população para com a captura da política pelas grandes corporações. No caso do Brasil, como exposto no capítulo "A Revolta dos 20 centavos", as Jornadas de Junho também tinham pautas contra o capitalismo neoliberal, mas o movimento acabou "sequestrado" pela direita depois que a esquerda bateu em retirada, optando por classificar como pautas golpistas os protestos contra a corrupção e os que vieram depois.

Hoje, com as conversas vazadas da Lava Jato, nós sabemos que o PT foi vítima de uma arquitetura do Judiciário, com apoio total da mídia hegemônica, que associava a luta anticorrupção a uma perseguição a Lula. O PT sem dúvidas não criou a corrupção. Porém, em nome da governabilidade, também não rompeu com ela, adotando a tese negacionista no discurso público – o que tem frustrado parte de sua militância, que tem vozes críticas. Esse é um erro estratégico, em minha avaliação, já que o próprio governo Dilma estava dando passos importantes no fortalecimento de mecanismos de transparência.

O Brasil é um país que tem altíssimo índice de percepção da corrupção e cuja sociedade civil vem se organizando para desenvolver mecanismos de maior transparência desde a virada do século. A própria lei anticorrupção, aprovada em 1999, é uma resposta da ação coletiva nessa direção. É preciso, portanto, oferecer à população respostas sobre o fenômeno, e não menosprezá-lo. Já vimos que quem ganha com nosso silêncio é a direita, que surfa sozinha na onda do sentimento popular, capitaliza essa energia para a criação de juízes heróis e desvia o debate para seu próprio campo de interesse, colocando-se como a defensora da ética quando, na prática, representa a perpetuação das elites oligárquicas, corruptas e mafiosas que nos governam há séculos.

Corrupção é o esvaziamento da razão pública em nome do ganho privado. É a vitória dos laços particularistas e assimétricos sobre a igualdade e o universalismo. A luta contra a corrupção e em defesa da democracia radical, portanto, representa inexoravelmente duas faces de uma mesma moeda. É preciso reinventar esse debate, denunciando o poder econômico sobre o Estado, resgatando os sentidos do coletivo e lutando pela garantia universal dos bens públicos.

BOLSONARO SABE MEU NOME

Em abril de 2018, a Operação Lava Jato por fim conseguia realizar seu maior feito desde o início, em 2014: a primeira prisão de um presidente da República. Assim, em momento oportuno, tirava-se da disputa presidencial o candidato que aparecia consistentemente em primeiro lugar nas pesquisas.

Até aquele momento, na periferia de Porto Alegre, quando eu e a Lucia estávamos fazendo nosso trabalho de campo, a maior parte dos moradores dizia que estava em dúvida se votaria em Lula ou Bolsonaro, em especial aqueles frustrados com o poder público e que achavam que políticos eram todos iguais. Fernando Haddad era um candidato desconhecido e, na tentativa de abocanhar o eleitorado de Lula, fez uma campanha sem personalidade no primeiro turno, usando inclusive uma máscara do ex-presidente em algumas aparições públicas. Isso teve um efeito catastrófico sobre os que estavam indecisos. Primeiro, porque esse eleitorado frustrado pela política votaria no PT não por fidelidade ao partido, mas em função da figura pessoal de Lula. Segundo, porque para muitos era a personalidade forte do ex-presidente e de Bolsonaro que tiraria o Brasil da crise.

Um candidato que aparecia como dublê de Lula soou, para muitos, como uma fraqueza – um "poste", como foi chamado nas redes sociais de oposição. No segundo turno, a campanha reavaliou os rumos e, finalmente, colocou à frente a inteligência, o carisma e a voz serena de Haddad. Mas já era tarde demais. Ao menos na região em que estávamos, Bolsonaro tornou-se o único candidato percebido para muita gente. "Vou votar nesse traste do Bolsonaro. Ele é meio louco, né? Mas quem sabe um radical lá resolve as coisas. Tem mais alguém concorrendo? Não, né? Então só sobrou ele", disse um homem que trabalhava em uma oficina de motos.

Do impeachment à prisão de Lula, o PT sofreu muitos golpes. Seu candidato foi varrido para fora do processo eleitoral, e os petistas fazem uma leitura mais ou menos unânime de que Bolsonaro só ganhou porque Lula não concorreu. É muito possível que, com ele no páreo, o resultado tivesse sido diferente, mas tenho convicção de que isso não pode ser afirmado com precisão. Em 2018, fizemos trabalho de campo do início do ano até as eleições. Foram centenas de horas de convívio e entrevistas. Nesse tempo, vimos Bolsonaro crescer como um tsunami, em uma onda de contágio difícil de barrar.

Se até agosto, mais ou menos, as pessoas permaneciam tímidas e envergonhadas de falar em quem iriam votar (muitas ainda estavam pensando em votar em Lula), quando a campanha oficial começou, as coisas mudaram por completo. Vários se aproximavam de nós e nos perguntavam: "Vocês são as mulheres que estão entrevistando eleitores de Bolsonaro? Eu quero dar uma entrevista! Quero falar por que vou votar nele!". As pessoas demonstravam necessidade de se expressar.

Desde o início de nossa pesquisa, em 2016, até agosto de 2018, os eleitores "raiz" de Bolsonaro tinham motivos muito claros para votar no candidato, como a questão da segurança pública e o sonho de portar armas. Mas, depois de agosto, as coisas mudaram, e já não era possível identificar as razões específicas que motivavam os eleitores. Tornava-se um movimento emocional, contagiante e estruturado no culto à personalidade.

Depois de um limbo de cinco anos desde Junho de 2013, período marcado por uma profunda crise multidimensional, diferentes frustrações motivaram o apoio a Bolsonaro: corrupção, emprego, ordem, família, segurança, tirar o PT do poder, ou seja, absolutamente tudo e, ao mesmo tempo, nada. Nesse contexto, a facada que Bolsonaro levou no dia 3 de setembro de 2018 foi decisiva. Carregado pelo povo como um herói, ele foi atingido no estômago. O efeito disso nos nossos interlocutores foi imediato. Muitas pessoas argumentaram que, se alguém tentou matá-lo, é porque "o homem deve ser bom mesmo" ou porque "os poderosos estão com medo dele". Bolsonaro personificava um processo de clara rejeição ao *establishment* político, bem como dava corpo a uma revolta desordenada contra todo o sistema vigente. No final do processo eleitoral, votar em Bolsonaro era uma questão de pertencimento a algo maior. Pela via autoritária, era parte da efervescência coletiva a que me referia no primeiro capítulo deste livro. Antes de as *fake news* e os robôs atravessarem o processo eleitoral de maneira criminosa, houve muito engajamento on-line autêntico de fãs de Bolsonaro a partir de 2014, o que foi crucial para criar um movimento orgânico em que as pessoas se sentissem incluídas. Na época das eleições, muitos eleitores mencionaram que era a primeira vez que amavam a política, que se sentiam genuinamente parte de uma campanha.

Eles nos contavam que, nos grupos de WhatsApp que integravam, Bolsonaro costumava aparecer para dizer algo como "oi, pessoal", o que dava uma sensação de proximidade. Alguns bolsonaristas acreditavam ter um relacionamento pessoal com o então candidato: "Ele sabe quem eu sou", disse-nos Barbara, uma fã do ex-capitão. Já Maurício, motorista de Uber de 25 anos, disse-nos que foi a primeira vez que ele viu pessoas fazendo campanha por fé, amor, e não em troca de dinheiro ou por medo de perder o Bolsa Família: "Toda a política aqui na comunidade, desde que eu nasci, foi por favor e troca. Até mesmo no colégio, o PSOL e o PCdoB sempre prometem alguma coisa. As assistentes sociais ameaçaram minha mãe de perder o Bolsa Família. Bolsonaro não me pede nada em troca. Eu faço vídeos e campanha para ele de graça. É a primeira vez que eu vejo amor na política".

Também catalogamos expressões que apareciam seguidas vezes nas falas, como "voto revolucionário", "voto de protesto" e "voto subversivo". Era uma sensação de fazer história contra tudo e contra todos não pela esquerda radical, mas pela extrema-direita. Enquanto as reuniões do Orçamento Participativo, que haviam sido tão fortes na comunidade até pouco tempo antes, valorizavam o processo de tomada de decisão coletiva, o bolsonarismo representava o oposto: um único homem, que atuaria como um salvador da pátria, teria "pulso firme" e colocaria a casa em ordem.

Nos últimos dias da campanha do segundo turno, era fácil encontrar sujeitos de baixa renda gritando o nome de Bolsonaro nas ruas, torcendo por ele como numa partida de final de Copa do Mundo.

Tudo foi intensificado semanas antes das eleições, quando a máquina de *fake news* cresceu de maneira exponencial via WhatsApp de ambos os lados da campanha, mas majoritariamente pró-Bolsonaro, espalhando as já clássicas notícias da "mamadeira de piroca" e do "kit gay". No nosso trabalho de campo, foi só nesse momento final das eleições que a corrupção se tornou uma motivação crucial para votar em Bolsonaro. Como já mencionado nos capítulos anteriores, antes havia uma descrença geral não só no PT, mas em todos os outros partidos e políticos. Já que não se acreditava em partido nenhum, o voto em Lula era sempre uma possibilidade: "Bom, ele roubou, mas deu ao povo o que é do povo" ou "Ele roubava, mas a nossa vida era melhor". Nesse novo momento de bombardeio de *fake news*, as pessoas agora odiavam o PT. O sentimento contra o partido, tão difundido entre as classes médias e as elites, atingira os mais pobres. As pessoas acreditavam que a crise econômica tinha sido causada pela corrupção do PT e se contradiziam quando contavam que suas vidas eram melhores no governo petista.

A eleição de Bolsonaro é fruto de uma profunda crise multidimensional. O colapso político é responsabilidade daqueles que, não aceitando o resultado das eleições de 2014, articularam-se para retirar Dilma Rousseff do cargo para o qual havia sido democraticamente eleita. Mas não era suficiente, e a prisão de Lula veio a ser a pá de cal. A cereja do bolo foi a máquina de *fake news*, que nem os projetos de verificação nem o Tribunal Superior Eleitoral, ou mesmo o próprio WhatsApp, conseguiram controlar. Segundo investigação da *Folha de S.Paulo* em outubro de 2018, empresários teriam comprado, de maneira ilícita, pacotes de envios de mensagens pró-Bolsonaro via redes sociais.[39]

Independentemente de todo esse quadro do qual o PT foi vítima, é importante rever os erros de percurso da esquerda e entender quais lições se podem aprender disso. Em nosso trabalho de campo, quem tinha memória viva do Orçamento Participativo votou em Haddad. As gerações mais velhas conservavam um legado político irreversível, fruto de uma longa mobilização popular. O mesmo não ocorreu com as gerações mais jovens, que até viam em Lula um possível voto, mas para as quais o apelo dessa escolha não ia muito além da figura pessoal do ex-presidente. O lulismo caiu em uma armadilha amarrada na figura de Lula. Com ele na campanha, não havia liderança nem movimento que pudessem substituí-lo. E é um tanto deprimente que isso tenha ocorrido num partido com a história de luta do PT.

Por fim, a emergência da figura de Bolsonaro também representou uma superação da crise de autovalor e identidade mencionada no capítulo "Da esperança ao ódio". Votar em Bolsonaro foi, para

---

39. FOLHA DE S.PAULO. *Empresários bancam campanha contra o PT pelo WhatsApp*. Disponível em: <https://www1.folha.uol.com.br/poder/2018/10/empresarios-bancam-campanha-contra-o-pt-pelo-whatsapp.shtml>. Acesso em 16 set. 2019.

muitos, a única forma de fazer política e se sentirem incluídos no coletivo. Uma forma de ser gente e ter um lugar no mundo. Isso, é claro, em meio ao vazio populista de projetos que se sustentavam apenas no personalismo. As pessoas se agarravam à figura do então candidato no meio de um deserto político. Não houve contrapartida, e já não havia antes mesmo do golpe. É esse deserto que a esquerda precisa rever urgentemente se quiser ser protagonista da derrota do autoritarismo no Brasil.

MANO BROWN AVISOU

> Tá tendo quase 30 milhões de votos pra tirar. Não estou pessimista. Sou realista. Não consigo acreditar, pessoas que me tratavam com carinho se transformaram em monstros. Se em algum momento a comunicação falhou aqui, [a gente] vai pagar o preço. A comunicação é alma. Se não conseguir falar a língua do povo, vai perder mesmo. Falar bem do PT para a torcida do PT é fácil. Tem uma multidão que precisa ser conquistada ou vamos cair no precipício.
>
> *Mano Brown, comício de Fernando Haddad, 23 out. 2018*

Em novembro de 2016, a revista *CartaCapital* trouxe a seguinte chamada: "Pobre povo brasileiro. As eleições municipais provam sua incapacidade de agir politicamente e entender que os golpistas o escolhem como vítima". O texto da matéria continua: "A maioria pobre é imolada no altar da casa-grande pelo Governo Temer e não percebe o quanto seria importante agir politicamente". Assim seguem parágrafos e mais parágrafos nos quais se afirma que o povo só entendeu que a política é para representar seus interesses quando votou em Lula. Apontaram também que o povo era submisso e sem consciência cidadã.

Uma esquerda com esse pensamento é classista.

Velhos clichês e preconceitos, como esse de que o povo brasileiro não sabe votar porque é ignorante e manipulado, sempre voltam à tona. Como no caso da revista, setores da esquerda com frequência dizem coisas assim quando, por exemplo, avaliam a vitória de João Doria em São Paulo e a de Marcelo Crivella no Rio de Janeiro, em 2016 e, depois, a de Jair Bolsonaro em 2018. Se quisermos sair do obscurantismo político no qual estamos enfiados, não custa colocar o pé no barro e sair da confortável posição de acusação e julgamento.

Uma grande parte da esquerda partidária e burocratizada brasileira comete um erro básico: acredita ser, por geração espontânea ou empatia natural, a porta-voz dos interesses dos mais pobres, bem como julga conhecer suas necessidades e estar preparada para representá-los. Lula conhecia como poucos a cultura popular. Ele vinha desse lugar e entendia que pessoas de baixa renda querem botijão de gás, eletricidade, tratamento dentário para as cáries que doem na boca, escola segura para as crianças, emprego e respeito. Também entendia o apreço das camadas populares por "coisas boas".

Sabendo de tudo isso, o lulismo não conseguiu superar uma contradição fundamental. Ao mesmo tempo que fez um movimento imenso na economia para que os mais pobres tivessem dignidade e pudessem não apenas comer, mas comer "estrogonofe com batata palha", como disse à Lucia uma interlocutora que outrora passava fome, sua política cotidiana foi marcada por um afastamento gradual do trabalho de base. Cada vez mais emaranhado nos grandes acordos para garantir a governabilidade, o PT abandonou a política local e microscópica. É só subir o morro de uma periferia urbana qualquer e ver quem está lá na ponta suprindo a falta de medicamentos e vendendo sonhos de um futuro melhor.

É evidente que as lideranças de esquerda participam de movimentos sociais entre as camadas populares. O problema é partir do princípio de que se engajar no ativismo periférico é o suficiente, quando sabemos que, infelizmente, ele pode ser mínimo em muitas cidades brasileiras. A maioria das populações de baixa renda está trabalhando de doze a quinze horas por dia e, nas folgas, não necessariamente tem disposição ou interesse na militância. Os problemas são urgentes e a política é desacreditada por completo, vista como uma troca de interesses por votos. Estar junto ao ativismo periférico é muito importante, mas estou me referindo aqui a um problema de fundo maior: como a esquerda se comunica com as camadas populares e quais propostas apresenta para solucionar problemas concretos do dia a dia dessas pessoas?

Enquanto rojões eram soltos na periferia de Porto Alegre na eleição de Bolsonaro, meus amigos intelectuais cantavam "Apesar de você", de Chico Buarque, em suas sacadas. Resgatar as lembranças da ditadura brasileira e o legado artístico da época é fundamental na luta por memória e justiça. É necessário e belo. Mas se isso vira um fetiche de camadas médias, podemos estar diante de um sintoma grave. Nas redes sociais, voltei a ler que pobre de direita tem mais é que se ferrar mesmo. Muitos dos que dizem isso estão hoje indo embora do país procurando autoexílio, enquanto o pobre de direita continua ferrado. No dia após a eleição de Bolsonaro, minha *timeline* estava repleta de posts que diziam "Te encontro no porão do Dops". A esquerda, às vezes, corre o risco de ser engolida por sua própria soberba intelectual e nostalgia.

Tanto Haddad quanto Guilherme Boulos são mentes que considero brilhantes. Eles possuem carisma, cada um com seu perfil, e uma trajetória de respeito. Mas suas campanhas em 2018 não conseguiram se comunicar com o popular, enquanto Bolsonaro foi muito bem-sucedido em conquistar o tio do pavê com *fake news* enviadas no zap.

É claro que existiu um problema de comunicação e estética de classe média em jogo, mas isso apenas reflete uma carência de fundo maior, que é a falta de um projeto claro.

Com isso, culpar as camadas populares pela tragédia muitas vezes parece indicar o derrotismo na disputa, de um lado, e o revanchismo vingativo e destituído de utopia sobre o qual Paulo Freire falava em *Pedagogia da esperança*, do outro. É importante discutir o posicionamento ideológico dos eleitores e apontar suas contradições? Absolutamente. Mas quando isso se torna um assunto maior do que o próprio rumo da esquerda há algo de sintomático aí que precisa de reflexão.

O "eu avisei" – expressão tão recorrente nos últimos tempos – é um sintoma da vaidade descomprometida, e também um atestado de culpa do próprio fracasso. Afinal, você até pode ter avisado, mas, se ninguém escutou, então só resta o gozo solitário de, com um celular em mãos, estar com a razão. Todo mundo tem seu momento de mandar um "eu avisei" no grupo da família. Não é a atos individuais que estou me referindo, mas à situação estrutural de falta de horizontes e de projetos em que nos encontramos. O "eu avisei" é retroativo, e o que nós precisamos é pensar para a frente.

Chamar o trabalhador pobre que votou em Bolsonaro de fascista e coxinha não ajuda em nada nessa batalha ideológica que estamos perdendo feio. Agindo assim, apenas afastamos essas pessoas de nós e as jogamos ainda mais para a direita, que, por sua vez, as recebe de braços abertos, sem nenhum pré-requisito.

Logo após a vitória de João Doria para a prefeitura de São Paulo nas eleições de 2016, a Fundação Perseu Abramo contratou um grupo de pesquisa para entender as motivações políticas das periferias. Uma das conclusões do estudo foi que "a periferia" seria, na essência, "liberal" em seus valores. A periferia não é liberal, porque simplesmente existem muitas periferias e muitos valores políticos que coabitam não apenas um mesmo bairro, como também um mesmo indivíduo. Entretanto, o problema desse episódio não são as ideias simplistas e estereotipadas, já que a própria fundação se mostrou aberta a problematizar esses resultados. O absurdo – e a triste ironia – é o próprio fato de o partido que se chama "dos trabalhadores" precisar encomendar uma pesquisa a jato, após as eleições, para conhecer os valores populares.

Durante a pesquisa que eu e Lucia fizemos com então possíveis eleitores de Bolsonaro da periferia de Porto Alegre, os jornais *El País* e *Sul21* fizeram matérias de ampla circulação ouvindo essas pessoas, que, ao menos na região em que estávamos inseridas, eram muito diferentes do estereótipo fascista do *bolsominion* apaixonado. Nós entendíamos que era preciso expor esse tema no debate público e que compreender as razões da cooptação conservadora era a única forma de reverter esse jogo. Para minha total surpresa, a reação foi a pior possível. Como poucas vezes na minha trajetória pública, recebi toneladas de mensagens e longos e-mails que nos acusavam de normalizar e relativizar o fascismo e de inventar um fenômeno que, para essas pessoas, era ínfimo. Não era, e nós sabíamos disso não porque somos espertas, mas porque estávamos lá. O tom das mensagens que recebíamos era algo como: "Como assim votar em Bolsonaro se nunca ninguém fez tanto pelos pobres como Lula? Isso só pode ser mentira". A cegueira, a negação e o autoengano têm sido alguns dos nossos maiores entraves para a resistência ao projeto bolsonarista.

Narciso não gosta de nada que não seja espelho. Na imobilidade, foi mais fácil acusar Junho de 2013 e a greve dos caminhoneiros de 2018 de serem expressões coxinhas e fascistas do que tentar entender qual revolta estava sendo mobilizada. À época da referida paralisação, alguns políticos do PSOL resolveram ir aos pontos de manifestação, levar comida e conversar com os trabalhadores, mas essa foi uma atitude minoritária no campo da esquerda.

O que Mano Brown fazia no palanque de Fernando Haddad era um apelo para que se entendesse que as pessoas de camadas populares que votavam em Bolsonaro não eram "monstros": "Não gosto do clima de festa. O que mata a gente é a cegueira e o fanatismo. Deixou de entender o povão, já era. Se somos o Partido dos Trabalhadores, o partido do povo, temos de entender o que o povo quer. Se não sabe, volta pra base e vai procurar saber".

O Estado aparece nas periferias urbanas brasileiras para bater e atirar no pobre negro ou para lembrar que precisa de votos em época de eleição. No vazio deixado pelo coletivo e pelo abandono institucional de ambos os espectros ideológicos, entra em cena a rejeição pela política. Empobrecidas, sem direitos, enfrentando crises econômicas e entregues às traças, as classes populares são vulneráveis aos discursos totalitários, às respostas fáceis e radicais que culpem "os outros".

Há os que votaram em Marcelo Crivella e João Doria e há os que anularam. Há os que votaram pela saída do Reino Unido da União Europeia e há os que nem tomaram conhecimento do plebiscito. Há quem votou em Trump, mas há muitos que não foram votar. Há quem votou em Bolsonaro, mas há também os 42 milhões de brasileiros que anularam ou se abstiveram do voto nas eleições presidenciais. Há ainda aqueles que não veem diferença entre Lula e Bolsonaro, pois entendem que a fila do SUS não vai diminuir, que lá para cima "a farra é grande" e os acordos são muitos, enquanto aqui embaixo a vida segue do jeito que dá. Ou, como me disse um amigo caixa de supermercado: "Isso é tudo briga de branco".

Bolsonaro preencheu muitas lacunas deixadas pela profunda decepção com a política institucional. Em um país em crise, prometeu radicalismo e demonstrou indignação com o cenário do Brasil – duas características que a esquerda institucionalizada foi perdendo aos poucos. E ele fez isso da maneira mais violenta e despolitizada possível, mas que funcionou, na medida em que o populismo autoritário é sempre uma alternativa fácil.

A esquerda tem a opção de simplesmente postar memes do tipo "que se ralem, eu não votei nele", numa espécie de versão mais radical de "eu não bati panela" ou "eu não votei no Aécio". Essa é uma opção legítima, mas confortável. Admitir que há muito a fazer e a repensar é muito mais trabalhoso. As saídas à esquerda não passam pela adoção de uma vã narrativa indignada, mas por uma profunda reconexão com as periferias que leve à indignação: com a falta de comida, a compra de votos, os assaltos sofridos na parada de ônibus, o emprego precário.

A saída não é evangelizar eleitor. Ninguém precisa abrir os olhos e levar a iluminação para as pessoas, que não são vítimas nem manipuladas. Neste momento, alguém poderia me perguntar: "Mas como não é manipulada se, em grande número, votou no Bolsonaro?". A resposta eu devolvo em forma de pergunta: quem conhecia Fernando Haddad na periferia de Recife ou Porto Alegre em 2018?

Não é preciso politizar a periferia. A luta e a revolta estão em todos os lugares: na música, no terreiro, no consumo, nas reuniões da igreja, no ativismo, nas brigas diárias com a burocracia que não funciona, nas redes de solidariedade e ajuda mútua. Por isso, a antropologia tem um princípio fundamental que deveria ser levado mais a sério: as comunidades têm as soluções para os próprios problemas, bastaria perguntar quais são. Muito se fala de escuta nos últimos tempos, mas pouco se escuta de fato. Escutar demanda deixar o ego de lado, aprender e sair da posição de superioridade de "quem avisou".

Não é preciso politizar a periferia. É a esquerda que precisa se periferizar.

ATO III
BOLSONARISMO

ESPETÁCULO PARA O TIO DO PAVÊ

Nos anos 1980, falava-se com frequência que Silvio Santos deveria ser presidente da República. Xuxa também teria o seu lugar na política. Nas eleições de 1989, eles não concorreram, mas não faltou diversão na propaganda eleitoral: de Marronzinho a Enéas, todo mundo tinha o seu "cômico" de estimação. Enéas Carneiro, por sinal, foi o deputado mais votado da história do Brasil por um bom tempo, superado depois pelo comediante Tiririca.

Não foi à toa que Bolsonaro tentou criar um projeto de lei para homenagear Enéas como herói da nação – posição ocupada por apenas 41 personalidades brasileiras, como Santos Dumont e Getúlio Vargas. Apesar de Enéas ter sido eloquente com as palavras e Bolsonaro ser um incapaz nesse aspecto, os dois têm muito em comum. Isso se dá não apenas na defesa da família tradicional brasileira e no anticomunismo, mas, sobretudo, na capacidade de "causar". De cabeça quente, eles teatralizaram, especialmente em programas de TV de grande audiência, uma indignação patriótica que sempre gerou grande repercussão.

Bolsonaro é um palhaço de palco. Passou por diversos programas de auditório na TV e se tornou um fenômeno midiático, como bem apontaram os pesquisadores Victor Piaia e Raul Nunes.[40] Entender sua eleição passa menos por teorias de escolha racional e mais pelas vísceras e pelos sentimentos.

Ele tampouco é um desvio: faz parte de uma tradição da cultura popular que vê a política como entretenimento e espetáculo. A apresentadora de televisão Cathy Barriga, no Chile, ou o ator Arnold Schwarzenegger e o boxeador Jesse Ventura, nos Estados Unidos, são alguns exemplos estrangeiros de como famosos conseguiram seu lugar no poder público. O último, em especial, exatamente como Bolsonaro, começou com um nicho engajado em sua figura caricata, com 7% das intenções de votos, e foi eleito governador de Minnesota em 1998 como um *outsider* do sistema político "profissional", proferindo um pioneiro discurso *antiestablishment*.

Como mostra a série documental *Trump: An American Dream* [Trump: um sonho norte-americano], da Netflix, Dean Barkley, o coordenador da campanha de Jesse Ventura, acreditava que "dizer coisas audaciosas, mesmo que te achem uma pessoa burra, funciona, pois você terá mídia de graça". E os eleitores de Ventura diziam: "Ele é um cara direto, diz o que pensa de verdade" ou "Ele é como a gente". Trump aprendeu muito com Ventura, especialmente porque entendeu que existe uma sede por figuras "gente como a gente", conectadas com a cultura popular, bem como uma grande rejeição às elites intelectuais.

Trump é um fenômeno do entretenimento. Ele é uma criação de muitos outros homens, mas, sobretudo, do marqueteiro Roger

---

40. PIAIA, Victor; NUNES, Raul. Política, entretenimento e polêmica: Bolsonaro nos programas de auditório. *IESP nas eleições*. Disponível em: <http://18.218.105.245/politica-entretenimento-e-polemica-bolsonaro-nos-programas-de-auditorio/>. Acesso em 16 set. 2019.

Stone, do produtor de *The Apprentice* [O Aprendiz] Mark Burnett e do estrategista Steve Bannon – todos responsáveis por sua composição midiática. Como mostra um brilhante perfil escrito por Patrick Radden Keefe para a revista *The New Yorker*, Burnett, em especial, criou a imagem de Trump como assertivo, um "mito" e um ícone de sucesso por meio de um longo (e manipulador) processo de edição.[41] Stone, por sua vez, conhece a cultura popular como poucos e usou isso para gerar fama aos seus candidatos. Entre as suas "leis", encontra-se uma que se aplica perfeitamente a Trump e Bolsonaro: "Melhor ser infame do que não ser famoso". Quando surgiu a ideia da eleição de Trump, eles decidiram lançar um primeiro tuíte com uma frase que chocasse a muitos, mas que tocasse no âmago racista de tantos outros: "Vamos construir um muro".

A estratégia, tão adotada por Bolsonaro pelo menos desde 2010 (muito antes de ele começar a imitar Trump), é simples: você fala qualquer aberração na mídia – aquilo que ninguém tem coragem de dizer. Toda a imprensa se voltará para você, que conquistará um lugar na memória das pessoas, em especial porque isso terá eco no ressentimento daqueles que mantiveram seus preconceitos no armário. Judith Butler entende que Trump é um fenômeno midiático em que a vulgaridade enche a tela e se passa por inteligência. Mesmo sem carisma e envolvido em escândalos de abuso sexual, o presidente norte-americano consegue se vender como alguém que diz e consegue o que quer, permitindo a identificação subversiva de quem "infringe as regras", sobretudo por ter como símbolo de campanha o gesto de armas.

Para os especialistas em política e entretenimento Keith Hall, Donna Goldstein e Matthew Ingram, Trump se alia a um gênero de comédia grotesca que tem muito apelo na cultura popular. Este trecho de um artigo acadêmico dos autores é particularmente re-

---

41. NEW YORKER. *How Mark Burnett Resurrected Donald Trump as an Icon of American Success*. Disponível em: <https://www.newyorker.com/magazine/2019/01/07/how-mark-burnett-resurrected-donald-trump-as-an-icon-of-american-success>. Acesso em 16 set. 2019.

velador do contexto norte-americano, mas serve para descrever os eleitores de Bolsonaro: "Rindo junto com Trump, seus eleitores se sentem empoderados, suas diferenças diminuem [...] os insultos contra minorias passam como engraçados".[42] Bolsonaro é um político da mesma laia. É uma figura durona e também sem carisma. Além disso, foi um deputado medíocre por vinte e oito anos, um militar de escalão médio. Como um homem como esse se tornou tão popular? Em um interessante artigo, o jornalista Mauricio Stycer mostrou o papel crucial dos programas de auditório na eleição de Bolsonaro, comparando o presidente brasileiro justamente com Trump e as (indignas) leis de Stone: "O consultor político de Trump diz ainda: 'Política é *show business* para pessoas feias'. E acrescenta: 'Você acha que os eleitores não sofisticados sabem diferenciar entretenimento de política?'".

Como mostraram os pesquisadores Piaia e Nunes, Bolsonaro ocupou um lugar imenso na mídia de TV aberta entre 2010 e 2018, somando 33 participações, cujo centro eram suas opiniões polêmicas, em programas como *SuperPop*, *Pânico* e *CQC*. Após cada presença, ele foi se sentindo mais confortável e entrando nas brincadeiras, como o homofóbico jogo da verdade que perguntava: "Você já teve sonho erótico com macho?". Segundo os autores, como ocorre no humor, o deputado ganhava audiência se movimentando entre o cotidiano e o inusitado.

Após 2013, em plena crise política e econômica, Bolsonaro ganhou repercussão nas guerras culturais, atacando Dilma Rousseff e alavancando brigas com Benedita da Silva, Maria do Rosário e Jean Wyllys. Como falava coisas criminosas, a mídia toda se voltava para ele, que se colocou como o grande herói antiesquerda. Em um de seus vídeos mais famosos no YouTube, de 2014, a grande imprensa de todo o país o rodeia como uma verdadeira celebridade e lhe dá todo o holofote para que fale barbáries, como "tem que endurecer

---

42. HALL, Kira, Donna M. Goldstein ;INGRAM, Matthew Bruce. "The Hands of Donald Trump: Entertainment, gesture, spectacle". *HAU: Journal of Ethnographic Theory* 6.2 (2016): 71-100, p. 79. (Tradução minha.)

com vagabundo", "existe kit gay" e "a única coisa que presta no Maranhão é o presídio". Nesse vídeo, ele se comporta de maneira muito diferente do tiozão que usa camisa de time de futebol e come pão com leite condensado: aos berros, manda todo mundo se foder diversas vezes. Funcionou. Ele encenava indignação contra o sistema.

Uma rápida busca no Google Trends mostra que o interesse por Bolsonaro cresceu justamente por meio desse envolvimento em polêmicas com políticos, e assim ele foi caindo nas graças do povo, que o achava autêntico e sincero. No final do turbulento ano que mudou o Brasil – 2013 –, uma das categorias mais buscadas no Google em relação a ele, e que teve crescimento repentino, foi "Bolsonaro zuero" (sic). Em 2014, quando ele se tornou o deputado mais votado do Rio de Janeiro, a busca que predominava em seu nome já era por "Bolsonaro presidente".

No meu trabalho de campo com Lucia, vi o fenômeno aparecer em 2016. Como Lucia observou, Bolsonaro ficou conhecido a princípio por meio de instituições que tinham acesso à internet, como escolas e igrejas. Os meninos que conhecemos, entre os quais o então deputado era extremamente popular, achavam as ocupações secundaristas coisa de vagabundo e compartilhavam vídeos de Bolsonaro com suas "mitadas". Infelizmente, o único político que chegou à periferia, depois de Lula, foi Bolsonaro, por meio de um engajamento (no início) orgânico: esses jovens faziam questão de editar os vídeos em que ele aparecia para se sentir parte da política.

De 2016 a 2018, vimos seu nome se fixar na memória do povo, sempre por meio de polêmicas que despertavam amor ou ódio. Como narrei no capítulo "Bolsonaro sabe meu nome", meses antes da eleição, com Lula fora da parada, muita gente que outrora dizia que o odiava passou a nos dizer algo como: "Ele é péssimo, mas vou votar nele porque é a única opção" ou "Acho ele muito radical, mas não tem outro candidato, tem?". Bolsonaro reinou sozinho porque soube usar os espaços da cultura popular: primeiro indo a programas de auditório, depois virando memes "zueros" na internet. Vale notar que boa parte dos analistas de conjuntura e das lideranças partidárias não viu o fenômeno Bolsonaro crescer e, quando viu, desdenhou. Estava evidente desde 2014 que Bolsonaro tinha grandes chances porque era o famoso infame.

Os problemas de políticos-celebridades são muitos. Eles não conseguem sair do pessoal e entrar para a política de fato. Esvaziam o coletivo, promovem o caráter antidemocrático e reforçam modelos autoritários que cultuam a personalidade. E imagens, torcidas e emoções que negam os dados e os debates, além de estimular o "nós" contra "eles", são, em última instância, expressões fascistas. Eleito presidente, diante de um governo que já começa com escândalos de corrupção, nepotismo e uma economia estagnada, só resta a Bolsonaro seguir investindo em sua imagem de "mito", agora na versão "homem simples de família" que vai aos jogos do Palmeiras e joga *videogame*. Pode funcionar, mas não por muito tempo.

VA-GA-BUN-DO!

O sentimento fascista que cresce no Brasil não mobiliza o medo de um inimigo externo, como é comum no Hemisfério Norte. Nosso inimigo é interno: o velho conhecido vagabundo.

Todo mundo conhece muitos vagabundos, mas ninguém se acha um. Vagabundo é sempre o "outro". "Nós" somos humanos, do bem, inteligentes, realizadores e dotados da moral cristã. Tudo que temos é mérito do nosso suor, e o que não temos é porque os "vagabundos" recebem privilégios e mamatas. Quando "nós" morremos, a dor é imensa, porque nossas vidas importam. "Eles", os vagabundos, são menos humanos. São lesados, preguiçosos e pervertidos. Tudo o que eles possuem vêm de vida fácil. Quando "eles" morrem, não há dor e, muitas vezes, há até comemoração, pois vagabundo bom é vagabundo morto.

"Vagabundo" é um significante vazio que pode abarcar muita gente: ambulantes, desempregados, pessoas em situação de rua, pobres, nordestinos, putas, LGBTQI+s, ativistas, bandidos. O que define o vagabundo não é seu trabalho, honestidade ou esforço, mas relações de poder estruturadas no eixo raça, classe e ideologia. Lula é vagabundo, mesmo tendo estado à frente de um dos governos mais bem-sucedidos e respeitados internacionalmente da história do país. Bolsonaro, que é político profissional desde 1989, aprovou dois projetos de lei em sua trajetória e tem três filhos se alimentando da mesma fonte, não é vagabundo.

A linha que separa um vagabundo de um humano é muito tênue. Ainda permanece na lembrança o ano de 1997, quando jovens brancos, privilegiados e filhos de autoridades tocaram fogo em uma pessoa que dormia na rua e se espantaram ao ver que se tratava de um indígena: "Achávamos que era apenas um mendigo". Vinte e dois anos depois, assistimos à comoção do Brasil com os dez adolescentes que morreram no incêndio do Flamengo. Por estarem no alojamento do clube, aquelas vidas se dotaram de propósito e relevância. Mas se esses mesmos jovens estivessem em suas casas nas favelas e a polícia tivesse entrado atirando para executar a sangue-frio, eles seriam apenas "vagabundos" sem verdade ou humanidade. Foi o que ocorreu em uma chacina que matou 15 pessoas no Morro do Fallet-Fogueteiro, também no Rio de Janeiro, na mesma semana do incêndio.

De marginal a terrorista

As raízes sociais do vagabundo se encontram na figura do vadio e do marginal do período colonial. Nossa história sempre foi dividida entre uma parte branca e "desenvolvida" e outra parte que se quer varrer para debaixo do tapete: pobre e/ou negra, considerada atrasada e fora do desenvolvimento econômico.

Importantes autores do pensamento social brasileiro, como Sandra Pesavento, José Murilo de Carvalho e Lúcio Kowarick, entre muitos outros, são essenciais para entender a construção social da marginalidade. Escravos libertos, ao ocuparem as ruas das cidades brasileiras em busca de trabalho como ambulantes ou apenas preenchendo o espaço com formas de sociabilidade, como a capoeira, causavam medo e repulsa. Nossa mentalidade colonizada não considerava seus corpos não brancos adequados para circular ao redor dos prédios com arquitetura europeia.

Para essa parte da população que ocupou as ruas, a violência sempre foi um projeto do Estado em aliança com a elite. Se essas pessoas são marginais – ou seja, não fazem parte do Brasil desenvolvido cultivado na imaginação colonizada –, o aparato estatal pode esmagar, afinal, não são consideradas integrantes da sociedade. O caminho que transformou o marginal em alguém socialmente autorizado a morrer é longo e resulta de um extenso processo de produção midiática hegemônica que sempre tratou a "marginalidade" como nefasta. O marginal, assim, foi se transformando cada vez mais em um criminoso ao longo do século XX. No século XXI, no Brasil distópico de Bolsonaro, conjugado com o pacote de populismo penal de Sergio Moro, o vagabundo é mais que um criminoso: agora ele é também um terrorista.

Os Bolsonaros e os vagabundos

Como abordei no capítulo "Bandido bom é bandido morto", um dos maiores problemas do Brasil é a sua identidade mal resolvida, que faz com que, muitas vezes, potenciais "vagabundos" não percebam que são vistos como tais. Em diálogo com uma camelô de Porto Alegre em 2004, eu disse: "Oi, Carmen, olha que editorial horrível desse jornal que chama os camelôs de vagabundos e pede que se instalem câmeras na cidade para vigiarem vocês". Ela respondeu: "É isso aí! Tem que encher de câmera para mostrar esses ambulantes vagabundos que não gostam de trabalhar".

Para mim, que sabia que ela vendia remédios abortivos falsificados, ouvir aquilo soava curioso. Esse diálogo, em que ambulantes mais velhos ou estabelecidos chamavam outros ambulantes mais jovens ou pobres de "vagabundos", era recorrente em meu trabalho de campo. Também era comum que esses trabalhadores passassem perfume e arrumassem a banca com muito cuidado para não serem confundidos com "vagabundos". O problema é que, na perspectiva da elite, todo camelô, sem discernimento, era vagabundo, e a polícia deveria ser rígida contra eles. A pancadaria, o cassetete e as humilhações das batidas da polícia sempre foram aplaudidos com certo sadismo.

Anos depois, já fazendo a pesquisa com a Lucia na periferia de Porto Alegre, uma grande parte de nossos interlocutores (se não a maioria, inclusive eleitores do PT) era bastante a favor da redução da maioridade penal, de prisões mais duras e da pena de morte para "vagabundos".

Gostaria de retomar o caso de Mauro, que narrei no capítulo "Bandido bom é bandido morto". Ele nos mostrou seu primo no presídio jogando futebol e assistindo à Netflix com o dinheiro que chegava das facções. "Vocês acham isso justo? Eu trabalhando honestamente e ele se divertindo?", questionava.

Essa é apenas uma parte da interpretação da história. Da nossa perspectiva de quem conhecia os dois lados, nem o primo estava se divertindo na prisão nem Mauro era tão honesto assim. Intrigava o fato de que muitas pessoas não viam que, pela lógica da ideologia hegemônica, elas mesmas poderiam ser os próximos vagabundos. Havia, ali, uma necessidade de se diferenciar e de se aliar ao padrão, fazendo com que a identidade social fosse negociada com tensão e ambivalência. Se você acusa alguém de ser vagabundo, você se acha menos vagabundo.

O mérito de Bolsonaro foi ter conseguido atiçar uma ira latente contra os "vadios". A elite racista e classista apoia a remoção de toda a articulação de "vagabundos" – nordestinos, beneficiários do Bolsa Família, minorias, ativistas... Outra parte da população, aflita por muitos medos e perdas, também. Forjando o papel da justiça e da ordem militar, o ex-deputado conseguiu falar para um grande número de brasileiros que acham que a vida é injusta e que os vagabundos passam bem.

Nas páginas da extrema-direita, as palavras "vagabundos" e "marginais" são as que mais aparecem, em especial para designar petistas e assaltantes. Bolsonaro foi articulando todas as forças obscuras do país, ganhando espaço, acionando o poder advindo do pânico moral e da disputa do "nós contra eles" – o que faz todo o sentido em um contexto de crise econômica, política e também de segurança pública.

Em 2013, época em que começou a aparecer sem parar, ele criou sua página no Facebook, em que grande parte das postagens é contra vagabundos e marginais, aos quais os petistas foram sendo cada vez mais associados. No vídeo que mencionei no capítulo anterior, aquele mesmo em que manda todo mundo se foder, Bolsonaro usou essas palavras acusatórias 7 vezes em um minuto e meio, dizendo que as cadeias não podiam ser colônias de férias. E tudo isso associando o PT e o Movimento dos Trabalhadores Sem Terra (MST) a temas como o falso "kit gay". No meio do vácuo deixado pela crise, em que a narrativa do crime se enche de significado, apontando culpados e inimigos internos, Bolsonaro atiçou a nossa tradição sádica mais profunda. E ganhou.

UBERMINION

Uma possibilidade de lidar com o atual cenário político é partir do princípio de que metade dos eleitores é composta por fascistas ou ignorantes – ou ambos. Sendo assim, podemos jogar a toalha e repetir que cada povo tem o governante que merece. Outra possibilidade, que me parece mais interessante, é diferenciar o espectro de eleitores, tentando entender como e por que distintos perfis foram capturados por essa pulsão autoritária de Jair Bolsonaro, inclusive para pensar com quem ainda queremos dialogar e quem nós queremos apenas derrotar.

Tenho diferenciado três perfis de eleitores, que operam como tipos ideais que ajudam a refletir e a agir. O primeiro são os *ricos*, que tiveram capital educacional para saber o que está em jogo e de modo consciente optam pelo projeto autoritário contra a "corrupção", mas que na verdade veem em Bolsonaro e no antipetismo uma oportunidade para legitimar antigos preconceitos contra a "gentalha".

Na outra ponta, há os *pobres*, com baixíssimo capital educacional e um antipetismo brando. Votaram em Bolsonaro por adesão por causa da igreja, por influência familiar, desespero ou esperança, mas salientam que Lula fez muito pelo povo. Na base da pirâmide, ao contrário do topo, há desilusão e desinteresse generalizado, mas também há flexibilidade para falar de diferentes candidatos. São sujeitos que não projetam a raiva ou jogam a culpa por sua vida deteriorada nos imediatamente abaixo – porque não há ninguém abaixo. Por causa do clientelismo, esses eleitores tendem a desacreditar na política como um todo. O grande desafio para esse segmento, portanto, não é levá-los a mudar de candidato, mas convencê-los a ir votar no dia da eleição.

Entre os ricos e os pobres, está todo o restante da população brasileira, os *precariados*, ou seja, os trabalhadores em condições mais ou menos precárias. É bem aí que reside o grande imbróglio do eleitor bolsonarista, que engloba desde (A) o simpático motorista de Uber, a vendedora delicada, o porteiro prestativo, o microempresário trabalhador e a manicure festeira – todos indignados com o sistema político frouxo ou com a moral tradicional abalada, além de frustrados com a própria situação – até (B) o fanático, o agressor tomado pela fúria prestes a "se vingar" e matar um esquerdista, uma pessoa negra, um LGBTQI+, uma feminista, em suma, os "culpados" pela deterioração do mundo. A diferença entre A e B existe, mas a tendência é que ela diminua conforme o cenário se radicaliza. A frustração "contra tudo que está aí", contra essa "pouca vergonha" (sic) que contamina a política e os valores morais, tende a mesclar ambos os perfis em um universo cada vez mais homogêneo. Num piscar de olhos, o grupo A, que interioriza valores das elites abastadas e culpa a "gentalha" por suas frustrações, transforma-se em B. É assim que a razão autoritária cresce, uma vez que não existe o fascista *a priori*: o que existe é subjetividade mobilizada pelo projeto autoritário.

Nesse novo contexto no qual os eleitores são nutridos por um sistema capilar e horizontal de comunicação, sem qualquer responsabilidade com a verdade, as mensagens pró-Bolsonaro são lidas da forma como é conveniente para cada trajetória pessoal e familiar, cooptando e organizando as diferentes frustrações, identificando causas e propondo soluções imediatas. Tudo isso em meio a uma sociedade que, desde 2013 e, principalmente, após o impeachment de Dilma Rousseff em 2016, vê-se desprovida de autoridade, regras e coesão. É aí que a extrema-direita tem encontrado solo fértil para fazer com que a diferença entre o eleitor A e o B torne-se cada vez menor. O bolsonarismo é, antes de tudo, um discurso raso que se propaga no vácuo para responder a profundos e diversos ressentimentos.

Quando falamos do eleitor B, falamos de quem nos aterroriza. Ele é o personagem de uma realidade distópica, aquele que espera mais autoritarismo, como fechar o Congresso e o Supremo Tribunal Federal. Essa é a base que está cada vez mais autorizada a pensar, dizer e fazer o que outrora era impensável. E o pior: sabem que nada vai acontecer a eles.

Precisamos entender que estamos diante de um surto coletivo que faz emergir muitos salvadores dispostos a fazer "justiça com as próprias mãos" – e que Bolsonaro é, sim, responsável por aqueles que mobiliza. O que nós vemos no Brasil hoje é o surgimento de seitas organizadas em seus próprios mundos paralelos: nelas, Bolsonaro e Sergio Moro são heróis do bem. Como mostrou a reação bolsonarista aos episódios da Vaza Jato denunciados pelo site *The Intercept* a partir de junho de 2019, os eleitores do grupo B acreditam que 100% do que se diz contra seus ídolos seria fabricado nos antros esquerdistas. Em uma corrida de Uber, enquanto a rádio do carro dava uma notícia do escândalo da Vaza Jato, o motorista reagiu e me disse: "Esquerdistas querem destruir tudo. Eles têm que morrer mesmo. Querem transformar o Brasil na fome, na pobreza e na Venezuela. Não tem como salvar indivíduos assim". Não era um comentarista de notícias escondido no anonimato. Era um homem que dependia da minha avaliação para trabalhar e que achava que era completamente normal dizer isso a uma passageira. Repetindo um velho *script* da história cristã, os "cidadãos de bem" são também justiceiros e matam – ou deixam matar – em nome de uma justiça muito particular.

Mas voltemos ao eleitor A. Não devemos desistir dele. E dificilmente teremos algum diálogo via redes sociais: nós perdemos a guerra dos memes e os eleitores de Bolsonaro que estão engajados on-line possuem contra-argumentos para tudo. É inócuo. É inútil entrar na maioria das discussões de comentários, em que cada um quer ganhar no argumento e jamais ceder. Há muitos eleitores que votaram no ex-deputado, mas não aderiram por completo à lógica de seita que se propaga nas redes. É com essas pessoas que precisamos tentar a boa e velha conversa olho no olho, que tem se demonstrado menos dramática do que as tentativas de diálogo nos ambientes digitais.

A antropologia nos ensina que não existe uma identidade única e totalizante. Obras como a do psiquiatra Arthur Kleinman nos ajudam a entender que uma parte de nós pode ser patriótica, autoritária e conservadora, coexistindo com uma parte democrática e progressista. Somos sujeitos complexos, e cada uma dessas partes ocupa maior ou menor espaço conforme o contexto político e econômico. É claro que, em um país de pobre tradição democrática e laica como o Brasil, nossa versão conservadora tende a ocupar mais espaço, mas penso que a lição disso é que não podemos desistir de tantas pessoas que conviveram conosco e que sabemos que possuem facetas generosas, solidárias e comunitárias.

Nós precisamos confrontar sujeitos contraditórios e multifacetados que estão seduzidos pela narrativa fácil do autoritarismo. Desempregados, trabalhadores precários, motoristas de Uber e ambulantes são trabalhadores flexibilizados, sem vínculos coletivos. São vítimas do neoliberalismo predatório.

Esses trabalhadores são sujeitos muitas vezes pobres ou empobrecidos, que não se veem contemplados pelas políticas sociais dos últimos anos. São pessoas que querem ascender na sociedade, sentem-se injustiçadas por ralar quinze horas por dia, vivem na insegurança das grandes cidades e percebem o governo como uma grande farsa que atua para seu próprio enriquecimento ou apenas para o benefício de "minorias". Esse perfil, bombardeado por *fake news*, não encontra hoje na esquerda uma narrativa popular que o contemple, não encontra propostas claras de emprego e segurança pública. É mentira que o governo deu tudo para os paupérrimos ou para as minorias, mas é verdade que o pobre que não é paupérrimo encontrou pouco amparo e andou se endividando nos últimos anos. Bolsonaro encontrou um terreno fértil aí.

ABAIXO A DITADURA DA BARANGA

"Brasil acima de tudo", dizia o filtro verde e amarelo estampado na foto de perfil. Curioso é que logo acima, na capa do Facebook, estava a imagem da família perfeita reunida na Times Square, em Nova York. Falso nacionalismo, apego a uma noção reducionista de família e antifeminismo como defesa da beleza e feminilidade são algumas das características que encontrei em meus catorze dias analisando o perfil de uma rede de mulheres do Leblon, Rio de Janeiro, que votaram em Bolsonaro no mês de outubro de 2018.

As mulheres se tornaram o centro das últimas eleições presidenciais, uma vez que a rejeição ao candidato era alta entre elas. Segundo o Datafolha, até agosto daquele ano, Bolsonaro detinha em média 36% das intenções de voto entre homens e apenas 18% entre as mulheres, apontando uma cisão de gênero como havia mais de duas décadas não se via, o que estimulou o movimento #EleNão nas redes e nas ruas. Essa rejeição diminuiu conforme as eleições se aproximavam. A última pesquisa do Datafolha realizada antes do segundo turno mostrou que o eleitorado do futuro presidente era composto por 56% de homens e 44% de mulheres. Se Bolsonaro é considerado misógino, quais são as motivações das mulheres que votaram nele?

Uma das coisas que mais me chamou atenção em minhas aventuras pelo grupo pró-Bolsonaro no Facebook foi uma mistura de medo do comunismo com medo do feminismo. "Minha bandeira jamais será vermelha", disse uma apoiadora. Na verdade, parecia querer dizer: "Minha vagina jamais será peluda". Há um permanente terror de que a ditadura do proletariado se torne a ditadura da baranga. Eduardo Bolsonaro, inclusive, declarou em 2018 que as mulheres de esquerda são feias, pouco higiênicas e têm cabelo no sovaco. Para um público fã de seu pai, declarações como essa são completamente normais.

As postagens de um grupo fechado são fixadas em mostrar mulheres negras e gordas antibolsonaro, sejam cis ou trans, como sinônimos de algo abjeto, sujo e depravado. Alguns comentários: "Tirem essa aberração da rede social isso faz mal às famílias brasileiras repetindo isso veio do inferno 666" (sic) ou "Ela é feita de bosta? Não ver o tamanho dela e a cara de suja, não tem aspectos de limpa. Mulher suja. #ElaNuncaVaiNosRepresentar, mulher de direita é limpa educada" (sic). Impressiona o fato de que não havia contestação interna dessas críticas. O preconceito era normalizado.

É interessante perceber como a ideia de sujeira e higiene era uma constante em todas essas postagens que misturavam o feminismo com o antipetismo. Como a antropóloga Mary Douglas já apontava em seu trabalho clássico, *Pureza e perigo*, a impureza é uma construção social que representa um perigo capaz de desorganizar um sistema cultural ordenado. A saber, essas mulheres "sujas" (mas assustadoramente livres) são, em última instância, uma ameaça à família, à propriedade e ao patriarcado.

Quando circulou uma imagem de uma mulher que protestava no ato #EleNão e portava um cartaz com um erro de português, as mulheres a chamaram de retardada, anta, analfabeta, petista e peluda – e, às vezes, tudo junto. A cereja do bolo foi o comentário de um rapaz: "Essa não merece ser estuprada". Nenhuma contestação.

O medo do feminismo aparece como uma obsessão, algo desnorteador que toca no âmago das táticas femininas que sempre foram importantes no mercado matrimonial. Além disso, parece-me que essa compreensão de feminismo como antifeminino também se mistura com a velha ameaça à família tradicional.

Longe do comportamento de manada, em seus perfis pessoais, essas mulheres que analisei moderavam mais a linguagem e atuavam num jogo combativo de exibição, mostrando suas maquiagens, a família perfeita no final de semana, seus carros e fotos no Caribe. De alguma maneira, elas exaltam os velhos valores que, lá em 1964, já eram defendidos contra a ameaça comunista: a família e a propriedade.

Mas o feminismo, mesmo que de maneira indireta, também ocupou o centro da preocupação bolsonarista, que teve de responder à rejeição do então candidato. A campanha se voltou para as mulheres, e o que eu observei nas redes foi que o tema da vida e da violência contra a mulher se tornou fundamental para esses grupos. Um homem de uns 50 anos a quem perguntei por que votava em Bolsonaro me respondeu: "Porque é o único que se preocupa com as mulheres. E eu amo as mulheres, acho as mulheres a melhor coisa do mundo. Ele é o único que se preocupa com a questão do estupro". Quando questionado sobre as ofensas a Maria do Rosário, ele respondeu: "Ah, mas ele perdeu a cabeça, ela defendia estuprador".

Apesar de toda a luta das mulheres para mostrar a misoginia de Bolsonaro, seus seguidores e fãs distorcem e justificam toda e qualquer ação do ex-capitão dizendo que é *fake news*, um recorte de vídeo descontextualizado, um ato temperamental. No entanto, o que é interessante observar é que a pauta das mulheres, de fato, se tornou central, ainda que do avesso e sendo tragada pelo conservadorismo. Enganam-se aqueles que acreditam que acusar Bolsonaro de machismo tem algum efeito. As acusações soam como pura palavra de ordem da esquerda, uma vez que o campo da extrema-direita já blindou sua narrativa a favor da mulher, ou melhor, da mulher depilada, sarada, protetora da família, trabalhadora "realizada" e que repudia violência.

Entre as próprias mulheres do grupo, mas também em minha pesquisa de campo na periferia de Porto Alegre, eu ouvia muito que nenhum candidato tinha maior agenda para as mulheres do que Bolsonaro, pois ele se manifestava a favor da família e da segurança dos filhos.

Nesse contexto, manteve-se alta ou mesmo cresceu timidamente a rejeição de mulheres ao então candidato, em especial entre aquelas de baixa renda e das regiões Norte e Nordeste. Mesmo que isso tenha sido em função da identificação com Lula, a rejeição elevada foi bastante relevante, pois as mulheres que recebiam o Bolsa Família perceberam que a inclusão financeira trazia uma forma de autonomia e segurança para seus corpos e os de suas famílias. Essas mulheres, que estavam em um projeto de mobilidade social, viram a vida piorar e se tornar mais violenta desde a crise que estourou em 2014 e, justamente por serem mais vulneráveis à violência doméstica, urbana e policial, demonstravam verdadeiro terror em relação ao armamento da população e, por consequência, a Bolsonaro.

As pessoas abastadas, no entanto, sempre projetaram na figura do "marginal" o papel do inimigo externo, ignorando as estatísticas que mostram que grande parte da violência produzida contra as mulheres, a despeito de sua posição social, vem de dentro de casa.

O "Brasil acima de tudo" é o Brasil do condomínio fechado, branco e endinheirado, não o Brasil de verdade, que encara sua desigualdade e abraça suas diferenças. É um Brasil que se odeia, na verdade, um Brasil de mulheres iguais, brancas, magras, casadas e viajadas. Não é de se estranhar que mulheres apoiem Bolsonaro: isso se insere dentro de um modelo-padrão no qual a ameaça ao feminino e à mulher é um fato histórico que deriva, de um lado, de uma projeção distorcida e colonizada da beleza da mulher e, de outro, do conservadorismo patriarcal e religioso que controla os corpos e o desejo femininos. Como tudo que é dominante, muitas vezes são as próprias mulheres que exercem o biopoder regulador sobre si próprias.

BOLSOMINIONS ARREPENDIDOS

A lua de mel não durou cem dias. Uma pesquisa do Datafolha do início de abril de 2019 mostrou que, após três meses de governo, Bolsonaro tinha a pior avaliação entre presidentes no primeiro mandato, confirmando algo que estava na cara: o fenômeno do bolsonarismo arrependido chegaria rápido.

Vale retomar o que escrevi em uma coluna para o *The Intercept*, em 29 de outubro, logo após a vitória do ex-deputado: "Os eleitores de Bolsonaro foram seduzidos pela mobilização política populista, movidos por uma onda de contágio que foi espalhando medo e uma esperança de mudança radical. É muita expectativa popular para pouco projeto, pouca equipe e pouca experiência. Isso não pode funcionar. Isso não dará certo". Como descrevi no capítulo "Bolsonaro sabe meu nome", eu e Lucia Scalco percebemos que, conforme a eleição presidencial se aproximava, a adesão a Bolsonaro se transformava em um movimento emocional. Havia uma esperança crescente entre os eleitores, inclusive aqueles que outrora desprezavam o candidato.

Até poucos meses antes da eleição, era possível identificar um padrão de eleitores de baixa renda: eram jovens desempregados que se sentiam ameaçados pelo feminismo emergente na escola, ou homens brancos, dos 30 aos 50 anos, com trabalho precário (como motoristas de aplicativos ou vigilantes terceirizados). Nas motivações de voto, o desalento econômico se misturava a uma narrativa que apontava também uma crise na masculinidade, como mencionei no capítulo "Ódio, substantivo masculino". Em comum, esses homens que viam seu papel de provedor ameaçado tinham um desejo íntimo de portar uma arma para se proteger das muitas ameaças – reais e imaginárias – que desestabilizam a ordem do mundo.

No final do período eleitoral, após a retirada de Lula da corrida e a facada sofrida por Bolsonaro, as coisas mudaram na pesquisa. Não havia mais um perfil de eleitores identificável, tampouco uma razão específica para justificar o voto. As pessoas falavam que votariam em Bolsonaro por causa da corrupção, para varrer o comunismo, tirar o PT, conseguir emprego, melhorar a economia, ter segurança na escola do filho, matar bandido, acabar com a mamadeira de piroca e a ditadura gayzista, evitar invasão alienígena, resolver a unha encravada. Tudo. Tudo o que chegava pelo WhatsApp. As pessoas apoiavam Bolsonaro pelos mais variados motivos.

Tirando os convictos "raiz", acredito que a maioria dos eleitores que encontramos no final do processo não estava tão confiante. Eles achavam que Bolsonaro não era uma opção ideal, mas que alguma mudança era necessária. O ex-capitão, ao menos, arrumaria a casa: "Acho ele muito radical, machista, como diz minha filha, mas é um militar, ao menos para colocar ordem nesse país esse homem deve servir, né?", disse dona Silvinha, 58 anos, vendedora de bolos.

Tendo em vista esse perfil de eleitores, era evidente que a desilusão logo bateria à porta, pois foi uma esperança projetada sobre o nada.

Os estratos esmagados

Como observado por André Singer e pela economista Laura Carvalho em suas colunas de avaliação dos primeiros cem dias do governo Bolsonaro, houve uma significativa desilusão bolsonarista – evidenciada pelo declínio de 18% na aprovação, em relação às pesquisas anteriores, justamente entre os estratos sociais que ganham de 2 a 5 salários mínimos.[43] No artigo "A tribo perdedora", na *Folha de S.Paulo*, Carvalho mostrou que, de 2014 a 2018, o PT perdeu mais adesão, em contextos urbanos, entre as camadas "achatadas", que se situam entre a base e o topo da pirâmide de renda. Estamos, portanto, falando dos setores precarizados, que sentiram a crise econômica de forma brutal.

Ainda que eu tenha defendido que o papel da crise econômica precisa ser mais levado em consideração nas análises das eleições, o único ponto de que ainda não estou plenamente convicta quanto ao argumento da professora é o do peso da insegurança econômica em relação às pautas morais. Ela acredita que o primeiro aspecto foi preponderante no Brasil, enquanto na eleição de Trump nos Estados Unidos, algumas pesquisas já apontaram que o fator "preconceito" foi decisivo. Sem dúvidas, o peso econômico foi imenso, um ponto de partida que mostrou luz no fim do túnel para os desesperados. Mas também entendo que ainda não temos pesquisa suficiente para ter clareza acerca do impacto de diferentes forças.

Por ora, com base nas pistas deixadas pela experiência em campo, tendo a pensar que, no caso das eleições brasileiras, não há uma separação tão clara entre os aspectos que motivaram os votos – na linha argumentativa da cientista política e historiadora Tatiana Vargas Maia em seu artigo "A falsa dicotomia entre pautas identitárias e economia", publicado no *El País*.[44] O Brasil tem passado por uma

---

43. CARVALHO, Laura. Desembarque. *Folha de S.Paulo*. Disponível em: <https://www1.folha.uol.com.br/colunas/laura-carvalho/2019/03/desembarque.shtml>. Acesso em 16 set. 2019.
44. MAIA, Tatiana Vargas. A falsa dicotomia entre pautas identitárias e economia. *El País Brasil*. Disponível em: <https://brasil.elpais.com/brasil/2018/11/06/opinion/1541544431_898684.html>. Acesso em 16 set. 2019.

crise multidimensional. Ainda que a penúria econômica tenha dado o primeiro pontapé entre os eleitores que se sentiam desamparados socialmente, o conservadorismo, o fundamentalismo religioso, a crise política, as *fake news* e o fator de "efervescência social" do final das eleições arrastaram milhões de pessoas na onda de contágio. Agora, os apoiadores começam a pular fora do barco.

Desilusão de baixo para cima

Desde o término da pesquisa, tenho conversado com alguns antigos interlocutores e outros trabalhadores precarizados com os quais convivo. Essas conversas não sugerem nenhum entusiasmo no ar. Pelo contrário: a esperança parece ter cedido lugar ao desânimo.

O grupo da "masculinidade machucada" pela crise econômica não viu ainda a situação de emprego melhorar e tampouco sentiu os efeitos práticos do decreto presidencial de facilitação da posse de armas, nem no acesso nem no preço de uma Taurus®. Acima de tudo, o trabalhador precarizado quer segurança e renda. E estamos muito longe de ver isso acontecer. Aqueles que votaram por falta de opção voltaram ao lugar-comum de que "político é tudo uma bosta".

Ainda há aqueles eleitores que, como dona Silvinha, estão esperando sentados a tal da ordem na casa. Eles encontram mesmo é "um bando de trapalhões", como me disse Pedro, motorista de aplicativo de Santa Maria que votou em Bolsonaro querendo mudança, mas acha que "estão muito atrapalhados. Palhaçada isso do Carnaval… [referindo-se ao tuíte sobre *golden shower*]". E continuou desabafando: "Minha cunhada trabalha no posto de saúde e disse que o dinheiro acabou, que cortaram tudo. Como vai ser?".

O bolsonarista arrependido não é confesso. Ele tem vergonha e mantém seu orgulho: "Não me arrependo, não é possível um governo estar por vinte anos no poder, não é democrático", continuou Pedro. Mas ele reconhece o caos do país e já colocou Bolsonaro na vala comum do político ruim.

Um dos erros de avaliação do bolsonarismo é acreditar em tudo que vê na internet, na malha de ódio da extrema-direita. Os *trolls* possuem presença robusta na rede e fazem grande barulho. Quando são sujeitos de carne e osso – e não robôs –, eles representam uma parte restrita do eleitorado, a mais fanática e fiel: aquela que vai às manifestações pró-Bolsonaro, pró-Moro e pede o fechamento do Supremo Tribunal Federal. Nós encontramos vários desses *bolsolovers* durante o trabalho de campo, mas eram um número insignificante perto de todo o resto que aderiu ao projeto por frustração. Bolsonaro cada vez mais governa para essa base radicalizada, que espera medidas mais duras e violentas. A questão é saber quão sustentável é essa medida.

O bolsonarismo arrependido já impacta o governo. Rumores em correntes do WhatsApp diziam que os caminhoneiros iriam parar de novo. Quando a pesquisa do Datafolha que mostrava a queda em sua popularidade foi lançada, Bolsonaro respondeu nervoso, com dois tuítes seguidos: um mostrava crianças que o abraçavam, como se fosse a prova cabal de que era amado pelo povo, e o outro só dizia "Kkkkkkk", acompanhado de uma imagem da pesquisa que mostrava que ele era considerado menos inteligente que seus antecessores petistas. Não demorou muito para que o presidente reagisse e interferisse no preço do diesel.

O eleitor não fanático até pode ter achado graça do personagem que "fala o que pensa" e que "é gente como a gente". Mas num país violento e em crise como o Brasil, as trapalhadas do presidente e os atos de nepotismo, como a indicação de seu filho Eduardo Bolsonaro a embaixador dos Estados Unidos, terão cada vez menos apelo se não vierem com mudanças concretas no cotidiano das pessoas. Bolsonaro foi eleito por uma grande parte da população que cultiva no imaginário a ideia do pulso firme. Todavia, o que esse eleitorado tem visto é despreparo, mandos e desmandos via rede social e guerra de vaidades entre os membros do seu partido e de sua base aliada. Sem um projeto de governo e com o presidente passando o tempo preocupado com temas distantes do povo – de Cuba a Israel –, a desilusão só tende a piorar.

Isso não é necessariamente uma boa notícia. Num país de herança autoritária como o nosso, há uma tendência muito maior neste momento à descrença na democracia representativa e na política institucional. Cabe agora a nós, dos setores progressistas, tratar de arrumar a casa e ter a capacidade de dar respostas para dona Silvinha.

RÉQUIEM DA DESESPERANÇA

A REVOLTA DAS VEDETES

Vedete era o apelido das meninas que seguiam os integrantes dos "bondes" nos rolezinhos no shopping ou no baile funk. Alguns meninos nos relataram, por volta de 2011, que quanto mais roupas de marca e dinheiro eles ostentassem, mais vedetes "corriam atrás". Na vanguarda dos rolês estavam os homens, cabendo a elas um papel secundário, quase alegórico.

Só que as vedetes viraram o jogo.

O Brasil teve mudanças radicais nos últimos anos após as Jornadas de Junho de 2013 e as ocupações secundaristas de 2016, tudo isso em meio a uma primavera feminista. Não é novidade que, nas classes populares, as mulheres exercem um papel crucial tanto como chefes de família quanto como lideranças comunitárias. Mas me refiro a um processo novo, de ruptura de estruturas sociais profundas, que ainda nem sequer é possível mensurar. Esse processo é marcado pela emergência de um espírito contestador por meio do qual as meninas se apropriam do debate da grande política, por exemplo, diminuindo a popularidade de Bolsonaro, que encontra grande rejeição entre mulheres.

Quando eu e Lucia visitamos escolas públicas em 2016, esperávamos que os rolezeiros tivessem participado em massa das ocupações. Ao contrário, o que encontramos em muitos deles foi um discurso conservador e alinhado com Bolsonaro, esbarrando em forte oposição das adolescentes. Essa configuração mostra uma bifurcação inédita que ultrapassa e potencializa a tradicional liderança comunitária feminina e o antigo conservadorismo patriarcal. De um lado, temos uma geração de mulheres politizadas e feministas; de outro, uma forte reação adversa masculina. Isso ficou claro em algumas discussões em sala de aula, nas quais as meninas se sobressaíam na argumentação e eloquência diante de meninos quietos e cabisbaixos. Elas denunciavam a falta de coerência, o machismo, o racismo e a homofobia de Bolsonaro. Um dos jovens chegou a me dizer que se sentia "oprimido" pelas colegas. Uma vez sozinhos, eles se referiam ao candidato como um símbolo, uma marca juvenil – tal como a Nike® operava na época dos bondes.

Em tempos da crise de segurança pública que transformou Porto Alegre em uma das cidades mais violentas do mundo, bem como em um momento de ascensão do feminismo, a figura de Bolsonaro parecia ser um emblema da virilidade que representa uma arma de fogo – uma arma que se defende de bandidos, mas também de outras ameaças inomináveis.

A divisão de gênero não se restringe a adolescentes das periferias. Um aspecto revelador nesse sentido são os conflitos entre casais causados pela política. Muitos entrevistados da minha pesquisa com a Lucia eram motoristas de Uber, na faixa de 25 a 30 anos, que sonhavam em dirigir armados, enquanto suas parceiras temiam que isso trouxesse ainda mais perigo para as suas crianças. Presenciamos incontáveis discussões entre casais, e era comum ouvir que política é um tema que deve ser evitado nos relacionamentos. Em uma das entrevistas, Joana, 53 anos, desatou a criticar Bolsonaro, com uma admirável capacidade argumentativa, diante de seu marido calado, que se dizia indiferente ao candidato. Horas depois, José Carlos, 64 anos, foi para o Facebook postar a famosa corrente das "42 razões para votar em Bolsonaro". Joana relatou que, no outro dia, ele havia reclamado que ela "tinha falado demais e sido muito saliente".

Como indicam os estudos[45] publicados na *Social Psychological and Personality Science* e na *Critical Sociology* nos Estados Unidos em 2018, já existe uma quantidade razoável de pesquisas que mostra que o voto em Donald Trump não se deu em função de uma classe média branca empobrecida, mas foi fundamentalmente motivado pelo preconceito e pela personalidade autoritária do candidato.

No Brasil, é preciso levar em consideração o contexto. Ainda não temos esses números para refletir com maior precisão. A crise econômica e política no país foi muito brutal (do crescimento de 7,5% em 2010 para -3,7% em 2014), sobretudo somada ao impeachment de Dilma Rousseff. A combinação de colapso econômico e vácuo político sem dúvida tem peso importante na quantidade de votos em Bolsonaro. Não podemos ignorar o componente de preconceito de gênero, raça e sexualidade. É muito sintomática essa identificação masculina com a figura agressiva e, ao mesmo tempo, profundamente vazia do ex-capitão. Se Bolsonaro foi eleito, é preciso lembrar que o apoio a ele variou de acordo com o recorte de gênero: a última pesquisa do Datafolha antes das eleições, em 27 de outubro, mostrou que o voto feminino estava empatado entre Haddad e Bolsonaro, mas entre os homens a vantagem para o candidato do PSL era de 20%.

Estamos falando de penúria econômica, de falência democrática, mas também da crise do macho. E esses fenômenos são indissociáveis, como apontei no capítulo "Ódio, substantivo masculino". A

---

45. Respectivamente, *"Group-Based Dominance and Authoritarian Aggression Predict Support for Donald Trump in the 2016 U.S"* [Dominância baseada em grupo e agressão autoritária preveem apoio a Donald Trump nos EUA de 2016] e *"The Anger Games: Who Voted for Donald Trump in the 2016 Election, and Why?"* [Os jogos da raiva: quem votou em Donald Trump nas eleições de 2016, e por quê?].

identificação com Bolsonaro é também uma jogada desesperada de um time que se vê caindo na tabela, uma reação às tantas vozes políticas emergentes que resolveram se rebelar dentro e fora de casa nos últimos anos. Mesmo que Bolonaro tenha tido uma significativa votação entre as mulheres, diversas pesquisas antes e depois das eleições mostram que a identificação com o presidente é fundamental e majoritariamente masculina. Nesse contexto, as mulheres têm sido parte importante da renovação política e formam um bloco de resistência contra o autoritarismo.

É a Revolta das Vedetes.

A EXTREMA-DIREITA VENCEU, AS FEMINISTAS TAMBÉM

Em 2016, quando eu e a Lucia fomos conversar com os jovens nas periferias e nos deparamos com dezenas de meninos fãs do "mito" – conforme já narrei algumas vezes neste livro –, nós só conseguíamos enxergar esse fato, que dominava nossa análise. O que tinha acontecido com os ex-rolezeiros que haviam se tornado bolsonaristas? O que tinha acontecido com o Brasil, que os incentivava à virada conservadora? Esse tipo de pergunta, em grande medida, nos impedia de dar a devida atenção a meninas como Maria Rita, de 17 anos, única filha mulher de um soldado bolsonarista. Ela discutia sempre com seu pai e seu irmão e, em 2018, já havia conseguido convencer a mãe de que "eles não tinham argumentos, apenas raiva de tudo".

A antropóloga Claudia Fonseca, nos anos 1980, chamava as mulheres da periferia de "mulheres valentes": líderes comunitárias, mães e trabalhadoras – mas não necessariamente feministas. O que descobrimos em 2016, quando nos permitimos olhar as coisas por uma lente diferente, foi que as filhas das valentes – as vedetes – agora queriam estudar e trabalhar, se denominavam feministas e enfrentavam o poder patriarcal com argumentos sólidos, dados e conhecimento aprofundado de política. E melhor: elas eram mais numerosas do que os minions.

Talvez o que nos esteja faltando seja conseguir deslocar o foco exclusivo do círculo vicioso das manchetes trágicas e do aumento do autoritarismo para as grandes conquistas que mudaram uma geração inteira e que produzirão impactos sociais e institucionais profundos daqui a alguns anos.

A maré feminista

Retomando o argumento do início do livro, a crise de 2007/2008 propiciou a explosão de uma primavera de ocupações e protestos em massa no mundo todo. Muito é dito sobre o quanto essas manifestações causaram a ascensão da extrema-direita. Menos atenção tem sido dada, entretanto, ao fato de que existiram outros desdobramentos desses movimentos. Tanto o Occupy nos Estados Unidos quanto as Jornadas de Junho de 2013, por exemplo, foram marcos do fortalecimento de um novo pensamento político que busca, na micropolítica e na ação direta, o afeto radical, a imaginação e a horizontalidade.

Quem sabe invertemos as lentes de análise? O reacionarismo emergente também pode ser entendido, entre muitos outros fatores, como uma reação à explosão do feminismo, do antirracismo e da luta dos grupos LGBTQI+s, os quais sempre se organizaram no Brasil, mas que, nos últimos anos, atingiram um crescimento inédito – e perturbador, para muitos. Impulsionada pelas novas mídias digitais, emergiu no mundo todo, mas em especial no sul global, a quarta onda feminista, que é orgânica, desenvolveu-se de baixo para cima e cada vez mais reinventa localmente os sentidos do movimento global #MeToo, que busca expor casos de assédio e abuso contra mulheres. O levante internacional perpassa todas as gerações, mas é entre as jovens e adolescentes que desponta seu caráter mais profundo, no sentido de ruptura da estrutura social: há uma nova geração de mulheres que não tem nada a perder nem a temer.

No Brasil, as ocupações secundaristas são um marco importante dessa geração contestadora liderada por mulheres. No país todo, os protestos foram marcados por criativas formas de ação direta, como as aulas e as performances artísticas na rua. A famosa imagem de uma menina negra segurando uma cadeira de escola enquanto enfrenta um policial não podia ser mais significativa. Há muitas fotografias marcantes desse estilo, mostrando a resistência e o protagonismo feminino nas ocupações, quando o slogan "Lute como uma garota" ficou conhecido no Brasil.

Diz o cântico das marchas de mulheres que "a América Latina vai ser toda feminista". Em 2018, as universidades chilenas, por exemplo, foram ocupadas contra o assédio sexual. Da Argentina, temos o exemplo de uma das mais expressivas e inpiradoras contestações antissistêmicas de mulheres no mundo. Desde o movimento #NiUnaMenos até a "onda verde", que colocou milhões de mães, avós e jovens nas rua na luta pelo aborto legal, a sociedade argentina se transforma. As *pibas* (ativistas jovens), a nova geração do movimento, comandaram as vigílias durante a votação do aborto no Senado. Hoje, meninas de 12, 13 anos já vão para a escola com o lenço verde.

A cena feminista asiática está em plena ebulição. Na Coreia do Sul, as "irmãs de Seul" marcharam contra o abuso sexual e a misoginia em 2018. Na China, depois da prisão de cinco ativistas, o feminismo tem explodido em todo o país, e as jovens fazem performances criativas, como ocupar os banheiros masculinos, contra o machismo e o autoritarismo. O mesmo ocorre em diversos países africanos. A juventude secundarista e universitária de Moçambique fundou o Movfemme, o Movimento das Jovens Feministas. Sob uma forte repressão, elas organizam eventos menores, como rodas de conversa em torno de uma fogueira para falar de sexualidade e direitos das mulheres.

#EleNão

O #EleNão[46] foi um fato político permeado por uma série de ineditismos. A maioria dos homens não conseguiu entender o que aconteceu naquele período. Eles não entenderam porque não era um evento sobre eles: era sobre a politização de nós, mulheres, para além dos resultados das eleições. Quaisquer inferências sobre os possíveis legados do movimento, hoje, ainda têm caráter meramente especulativo e parecem estar baseadas num pensamento engessado. O desafio é entender a participação das mulheres no poder: como elas estão fazendo política no século XXI?

Durante o #EleNão, o filósofo Fabricio Pontin escreveu no site *The Intercept* que, na polarização, toda propaganda negativa se transforma em propaganda positiva, manipulada pelo lado oposto. Nós concordamos com essa premissa básica, mas salientamos que o #EleNão não se trata apenas de propaganda negativa, mas de um processo sem precedentes no Brasil. Pontin partiu de uma falsa equivalência entre o #EleNão e o #Resistance dos EUA. Contudo, se existiu alguma movimentação por lá que se assemelhasse à nossa – orgânica, suprapartidária e liderada por mulheres – foi a que começou no dia da posse de Trump, e que resultou num aumento expressivo da participação de mulheres nas eleições *midterm* (de meio de mandato, chamadas assim porque acontecem dois anos após a escolha do presidente), que ocorreram em novembro de 2018. Foram as eleições com o maior número de candidatas para cargos executivos e legislativos na história do país. Algumas delas socialistas, como Alexandria Ocasio-Cortez, eleita deputada pelo estado de Nova York.

#EleNão não foi uma simples *hashtag*, mas um movimento extraordinário de base, difuso e microscópico, que ao mesmo tempo organiza um ato político e serve de ponto de convergência para outras movimentações de mulheres, on-line e face a face. A politiza-

---

46. Uma primeira versão desta seção do texto foi escrita em coautoria com a pesquisadora de gênero Joanna Burigo.

ção feminina ocorreu nas redes sociais, pelo grupo Mulheres Unidas Contra Bolsonaro, mas, acima de tudo, por meio de conversas francas entre mulheres. Nesse sentido, algum lugar de fala é preciso reivindicar aqui: os homens (ou as pessoas que vivem fora do Brasil) não conseguiram captar esse aspecto de um fenômeno político inovador, em que mulheres falavam umas com as outras para conquistar o voto da vizinha, da prima, da amiga ou da tia.

Algo muito profundo acontece no tecido social quando milhões de mulheres vão para rua para rejeitar o projeto autoritário. Nós acompanhamos esse fenômeno como um experimento de pesquisa de campo desde que decidimos andar com a camiseta ou o adesivo #EleNão. Fomos paradas por mulheres de todas as classes, raças e credos que queriam nos contar da conversa que tiveram com a avó bolsonarista que morava na cidade isolada, com a amiga de balada, com a chefe. Foi algo de uma força impressionante, que ainda nem sequer conseguimos descrever.

Em 29 de setembro de 2018, 114 cidades no Brasil, e outras tantas no exterior, tiveram manifestações do #EleNão – o maior protesto de mulheres da história do país, de acordo com o que disse a cientista política Céli Pinto à *BBC Brasil* no dia seguinte: segundo ela, o movimento começou pelas mulheres porque Bolsonaro fez ofensas ao sexo feminino e acabou englobando diversos fatores, entre os quais a defesa da democracia e dos direitos humanos.

Eu marchei em Santa Maria, onde lecionava à época. Meus colegas diziam que era uma das maiores manifestações da história da cidade. O momento mais emocionante para mim foi encontrar uma aluna que levava sua mãe e sua avó. Elas eram de um município muito pequeno e moravam no campo. Nunca haviam participado de uma manifestação antes. Minha aluna me contou que elas seguiam o voto do homem na família, que não gostavam de política e que agora seguiriam uma mulher pela primeira vez. A avó, com muita dificuldade de caminhar, estava maravilhada com o ato, e me disse: "Que beleza isso daqui. É a força das mulheres".

O #EleNão foi sobre nós, entre nós, para nós. E isso ocorreu corpo a corpo, crescendo em uma onda contagiante, mobilizando, de forma horizontal e suprapartidária, mulheres que nunca antes se sentiram parte das discussões da esfera pública. Foi um fenômeno de politização feminino por meio da rejeição dessa parte do eleitorado contra Bolsonaro. O #EleNão foi parte de um processo contínuo de ampliação da participação das mulheres no debate público, e pode crescer para muito além da recusa ao atual presidente.

O grupo Mulheres Unidas Contra Bolsonaro reuniu em poucos dias 4 milhões de mulheres no Facebook, e o movimento #EleNão foi a explosão disso tudo, constituindo também um grande momento de politização de mulheres. O contra-ataque não veio apenas dos bolsonaristas, mas também de alguns intelectuais de esquerda que, direta ou indiretamente, responsabilizaram as mulheres pelo crescimento do então candidato na última semana no primeiro turno, desprezando as muitas variáveis políticas que levaram àquele cenário, como o apoio do pastor Edir Macedo, o crescimento que Haddad tinha demonstrado em pesquisa anterior (que fez com que a parte feminina não mobilizada se decidisse) e a própria proximidade das eleições.

O #EleNão não se converteu em ganho eleitoral. Essa luta – que conta com *hashtags* e memes, mas não só, pois a estamos carregando com nossos corpos – não é apenas sobre percentuais. É sobre como nós, mulheres, estamos ocupando e reinventando a política.

Furando a bolha institucional

Lucia Scalco e eu percebemos o rastro da primavera feminista de 2015 e das ocupações secundaristas de 2016 na periferia de Porto Alegre. Nós fazemos pesquisa lá há dez anos e notamos que a intensidade e a disseminação do feminismo entre as adolescentes é inédita. Existe toda uma nova geração de feministas, e elas foram fundamentais na contenção do crescimento de Bolsonaro no bairro em que moram. Muito antes de existir o movimento #EleNão, elas já enfrentavam seus pais, irmãos e companheiros e, assim, mudavam o voto de suas mães e avós, que por tradição seguiam a escolha dos maridos.

Essa onda feminista relativamente espontânea já começa a furar e renovar a bolha institucional, elegendo mulheres no Brasil e nos Estados Unidos. Enquanto a direita tradicional derreteu nas últimas eleições e o PSL cresceu de forma fenomenal na extrema-direita, o PSOL elegeu Áurea Carolina, Sâmia Bomfim, Fernanda Melchionna e Talíria Petrone como deputadas federais, e a Rede elegeu Joênia Wapichana, a primeira indígena a ocupar esse cargo no país. Além disso, é claro, houve as vitórias da Bancada Ativista, de Mônica Francisco, de Erica Malunguinho, de Luciana Genro, entre outras, em nível estadual.

Primeiros frutos das sementes de Marielle Franco, essas mulheres jovens possuem um forte vínculo com o ativismo e com a realidade popular. Essa nova bancada feminista não procurou surfar na onda de Junho de 2013 ou da primavera feminista de 2015 simplesmente – elas vêm, de modo orgânico, das ruas e das lutas.

Nos Estados Unidos, as *midterms* surpreenderam e derrotaram Trump no Congresso, tendo um número recorde de mulheres eleitas, como as democratas Rashida Tlaib e Ilhan Omar (as primeiras islâmicas a ocupar uma cadeira do Legislativo), Deb Haaland e Sharice Davids (as primeiras indígenas), Ayanna Pressley (a primeira negra eleita por Massachussets) e a já mencionada Alexandria Ocasio-Cortez, a mais jovem deputada da história do país.

Ocasio-Cortez tem sido um caso exemplar da renovação política. Mulher, latina e do Bronx, ela encarna as lutas das minorias ao mesmo tempo que resgata uma linguagem dos laços de amor da família e da comunidade. A deputada também produz um discurso mais universalista que dialoga diretamente com os anseios da classe trabalhadora, com frequência saqueada: tiram dela emprego, segurança, sistema de saúde e educação. Em suma, ao falar do amor e das dificuldades da vida cotidiana, ela atinge temas básicos que tocam no âmago dos anseios populares – assuntos que, apesar de essenciais, no Brasil têm sido deixados de lado pela grande narrativa da esquerda.

As diferenças de contexto norte-americano e brasileiro são enormes, é óbvio. Mas, em comum, essas mulheres encarnam um radicalismo necessário, conectado a uma ética e estética do século XXI. Fazendo forte uso das redes sociais, por meio de *stories* do Instagram, por exemplo, elas transformam a política outrora hostil, inacessível e corrupta em algo atrativo, palpável e transparente. São mulheres de carne e osso que fazem política olho no olho não apenas em época de eleição. Afinal, não basta apenas ocupar a política: é preciso também mudar o jeito de fazê-la.

Podemos, então, dizer que a configuração política de hoje extrapola as análises convencionais da polarização entre esquerda e direita, mas aponta para a existência de uma dupla divisão de ideologia e posicionamento, ou seja, de um lado situa-se o *tipo ideal* do homem branco de direita e, de outro lado, a mulher negra/lésbica/trans/pobre de esquerda.

Quando o desespero bater sob o governo autoritário e misógino de Jair Bolsonaro, será importante olhar para a frente e lembrar que muita energia está vindo de baixo, e vai, aos poucos, atingir os andares de cima. É uma questão de tempo: as adolescentes feministas vão crescer, e o mundo institucional terá que mudar para recebê-las. Nossas conquistas em nível global são extraordinárias, mas muitos não lhe contarão isso. A onda feminista nos dará força para resistir. Tenho confiança de que muitas e renovadas versões do #EleNão serão levadas a cabo, e mirarão não apenas derrubar os projetos de Bolsonaro, mas sobretudo servir de espaço para a politização de mulheres. Mesmo derrotadas, somos vencedoras.

AMANHÃ VAI SER MAIOR

Exitem duas maneiras de narrar e interpretar a reação e os desdobramentos de uma conferência que ministrei em São Borja, município de grande importância para o imaginário gaúcho, onde estão enterrados Getúlio Vargas, João Goulart e Leonel Brizola, no final de junho de 2019. Elas são também duas maneiras de interpretar o Brasil de hoje.

Uma versão

A notícia da 44ª edição da minha palestra "Da esperança ao ódio", na Unipampa, não foi bem recebida no "Texas gaúcho", como São Borja é chamada por seus habitantes. Homens, que têm orgulho de serem "chucros", diriam que isso ocorreu porque, nos pampas, há mais machos valentes do que em outros lugares do mundo. Afinal, como comentavam algumas pessoas nas redes sociais: "Aqui essa mocreia não se cria".

Dei a palestra como de costume. Os ataques seguiram um roteiro conhecido. Alguns bolsonaristas compareceram ao evento, fotografaram *slides* fora do contexto da fala e desapareceram. No outro dia, estava na internet a mentira de que eu havia chamado Bolsonaro de vagabundo, mesmo que houvesse centenas de testemunhas para provar o contrário. Acusaram-me de usar dinheiro público para difamar a imagem do presidente. Um colega especialista no monitoramento de redes sociais, que pediu anonimato, me contou que minha imagem foi uma das mais compartilhadas no WhatsApp naqueles dias no Brasil. Nos comentários de posts que viralizaram, chamavam-me de puta, baranga, corrupta, criminosa e teve até quem lamentasse que eu não tivesse estado no incêndio da boate Kiss.

Áudios no WhatsApp circulavam denunciando a professora "doutrinadora", pedindo punição severa. Ao lado da foto de Glenn Greenwald, minha imagem foi estampada no tradicional jornal da cidade, a *Folha de São Borja*, acompanhada de um texto dizendo que eu fazia política na universidade. Eles sentiam ódio por eu dizer que no Brasil havia ódio.

Os posts disparadores dos ataques vinham de homens tradicionalistas na faixa de 50 anos para cima. As fotos de perfil e de capa de todos eles no Facebook exibiam cavalos, chimarrão e a bandeira do Rio Grande do Sul. Seguindo a linha dada pelos homens, as mulheres da mesma faixa etária e com fotos de flores na capa do Facebook eram as mais agressivas nos comentários.

Não deve ser mera coincidência o fato de que, nas manifestações pró-Moro em 30 de junho, chamava atenção a elevada faixa etária das pessoas que estavam nas ruas. Há um fator geracional que precisamos observar com mais atenção para compreender a radicalização do bolsonarismo. Quem, em última instância, ainda apoia um governo sem projeto e um juiz parcial? Uma pesquisa do Datafolha do início de julho de 2019 não deixava dúvida de que, quanto mais velha é a pessoa, mais ela tende a apoiar de maneira irrestrita a conduta inadequada da Lava Jato. A reprovação das conversas entre procuradores e o ex-juiz é de 62% entre pessoas de 35 a 44 anos, 50% entre pessoas de 45 a 59 anos e apenas 44% entre pessoas acima de 60 anos.

O Rio Grande do Sul pode ser entendido como um caso extremo e caricato do bolsonarismo. Bolsonaro empodera esse homem que se sente perdendo privilégios e nostálgico de um Rio Grande do Sul virtuoso. A metade sul do estado, por exemplo, que tanto povoa o imaginário fronteiriço, está economicamente empobrecida, mas se alimenta de histórias de um passado grandioso. O ex-capitão satisfaz esse gaúcho cuja cultura popular exalta um homem armado e orgulhoso de ser tosco, grosso e simples. Bolsonaro é a projeção daquilo que é, ao mesmo tempo, melancolia e frustração.

O filósofo Jason Stanley elenca o apreço ao passado mítico, glorioso e puro como a primeira característica desse tipo de regime autoritário. Nesse passado, reina a família patriarcal e os papéis de gênero tradicionais. (Não estou sugerindo que toda exaltação ao passado é fascista, apenas que a fantasia sobremaneira arraigada a um mundo que não se viveu, somada a um contexto de crise e profunda transformação, pode ser um terreno fértil para o fascismo.) Segundo o autor, na retórica nacionalista, persiste a fantasia de que existiram os tempos áureos, perdidos para o globalismo. Essa nostalgia, que é cultivada especialmente nas pequenas cidades, é acionada pelos movimentos autoritários que lutam por hirarquia, pureza étnica e ordem.[47]

Dada tal fusão de valores morais bolsonaristas com a mítica gaúcha, não estranha o fato de que, segundo pesquisa do Ibope de julho de 2019, ao mesmo tempo que cresce a reprovação do governo Bolsonaro como um todo no Brasil (de 27% em abril para 32% em junho), cresce a sua aprovação na região Sul (de 44% para 52%).

O ataque sofrido por mim é ilustrativo do autoritarismo patriarcal ao qual se agarra a geração mais velha de uma região com economia decadente. Mas contra o que, exatamente, esse núcleo duro bolsonarista está lutando?

---

47. STANLEY, Jason. *Como funciona o fascismo*. Porto Alegre: L&PM, 2018.

Outra versão

A 44ª edição da minha palestra na Unipampa foi inesquecível. Professores e estudantes do curso de Publicidade organizaram um evento impecável pelo profissionalismo. No cerimonial de abertura, um estudante tocou e cantou "Tempo perdido", da Legião Urbana.

Com duas horas de antecedência, o auditório já estava lotado, fazendo com que muitos estudantes se sentassem no chão ou ficassem de pé. Muita gente viajou até 200 quilômetros para estar lá. As perguntas dirigidas a mim eram instigantes, dignas de jovens com aguçado espírito acadêmico. Ao final, passei trinta minutos recebendo abraços apertados e palavras de apoio. Os longos aplausos não eram para mim, mas para o significado e a força daquele evento. Havia ali uma verdade tangível: nós poderíamos ver, tocar e sentir estudantes qualificados e mobilizados pela universidade pública. No velho oeste, ocorreu um evento cheio de esperança.

A palestra não aconteceu em qualquer universidade, mas na Unipampa, que é um exemplo da expansão e renovação do ensino superior dos últimos anos. Foi criada em 2008, no governo Lula, para trazer desenvolvimento a uma região empobrecida. Na plateia, havia estudantes negros, LGBTQI+s e muitas meninas feministas. Além disso, chamou-me atenção a presença de estudantes de outros estados, já que o Enem possibilitou uma maior mobilidade geográfica. São Borja, que é uma cidade muito bonita e cheia de história, é hoje também habitada por corpos diversos que renovam a região.

Como afirmei no capítulo anterior, a gente não pode esquecer que a vitória da extrema-direita é também uma reação a muitas conquistas que vieram para ficar. Quem eram os bolsonaristas que me atacaram? Na palestra, eram dois ou três. Por que eles não exerceram seu direito de protestar no evento? Provavelmente porque faltou gente de apoio – e também porque faltou coragem. Na verdade, eu teria incontáveis casos para contar com o mesmo roteiro insosso: jovens de extrema-direita agitam as redes sociais e ameaçam protestar em uma palestra minha, mas quase nunca comparecem como o alardeado. Quando aparecem, chegam em número insignificante e se sentem intimidados pela maioria. Macho valente? Só na internet.

O ataque baixo que sofri cheira a desespero. Desespero da radicalização dos que sobraram, da nostalgia bolsonarista de uma geração que se sente perdendo uma cruzada moral. Isso, é claro, após a Vaza Jato e a queda de popularidade de Sergio Moro. Os guerreiros estão a postos para defender seus heróis. Essa é uma guerra perdida. Como disse o professor Fabio Malini, em seu perfil no Twitter, sobre as manifestações pró-Moro do dia 30 de junho de 2019, chamava a atenção a alta faixa etária dos manifestantes. Para ele, o bolsonarismo é um teto no progressismo dos mais jovens e, por isso, tem data de validade. Nesse sentido, pode-se entendê-lo como um movimento em vão que luta para barrar o futuro. As novas gerações são muito mais progressistas do que as anteriores. Basta olhar a pesquisa do Datafolha publicada em julho de 2019 sobre a reprovação da conduta da Lava Jato: 73% dos jovens entre 16 e 24 anos acham inadequado o comportamento dos procuradores e do ex-juiz. O abismo geracional é evidente.

A profunda transformação da sociedade brasileira pelas novas gerações é irreversível. Não há nada que possa impedir isso. Ninguém vai voltar para o armário. Certa vez, o antropólogo Darcy Ribeiro disse a um primo meu: "Os velhos irão morrer. Esse é o curso da vida, é nos jovens que temos que focar nossas ações".

Eu não terminaria este capítulo na posição comodista que repete o clichê: "Eu acredito mesmo é na rapaziada". A responsabilidade de lutar pelas instituições – para que esses jovens possam ocupá-las daqui a dez anos – é daqueles que hoje têm cargos nas escolas e universidades, na justiça, na imprensa e em todas as esferas da sociedade civil. Como me disse a senhora que trabalha na padaria perto da minha casa: "Ih… Se tu achas a minha neta de 20 [anos] feminista, é porque tu não conheceu a de 12".

ESPERANÇA, SUBSTANTIVO FEMININO

Quando Noam Chomsky foi questionado se ainda era possível ser otimista sobre o futuro da humanidade, ele respondeu que podemos ser pessimistas, desistir e esperar que o pior aconteça. Outra opção – a dele – é aproveitar as oportunidades que de fato existem e ajudar a fazer o mundo um lugar melhor para se viver. Assim como a raiva e a agressão são expressões da natureza humana, simpatia, solidariedade, gentileza e preocupação com os outros também são. Há muita resistência contra a brutalidade humana e contra o autoritarismo. Tal resistência, segundo ele, precisa crescer e se tornar uma fonte de esperança para a nossa espécie.

No Brasil de hoje, o derrotismo tende a tomar conta de todas as esferas da vida social. Lamentamos a vitória da extrema-direita, não enxergamos saídas e deixamos que essa angústia nos imobilize.

Outra alternativa – à qual este livro convida – é transmutar a dor em luta, e fazer da esperança uma opção política.

Como a maioria das pessoas do campo progressista, seguidas vezes sou tomada pelo derrotismo. As notícias diárias são um bombardeio de tragédias de todas as ordens: sociais, políticas, culturais, econômicas e ambientais. As declarações e ações do presidente da República nos dão a sensação de que estamos num ringue o tempo todo e, sempre que tentamos nos reerguer, levamos mais um soco, que nos empurra ao chão novamente. Estamos adoecendo, é verdade. A maioria dos alunos de universidades conta que representa a primeira geração da famílias que acessa o ensino superior. Eles relatam depressão, pânico, insônia e distúrbios alimentares. Meus amigos que possuem recursos estão deixando o Brasil em massa – e os sem recursos também. A fuga de cérebros, o autoexílio daqueles que se sentem ameaçados e o exílio propriamente dito de perseguidos políticos é hoje uma tendência que atesta nossa catástrofe. O país que exporta sua gente é um país que fracassou.

A sensação de derrota é inevitável, porque é real, e necessária para a reflexão de como chegamos até aqui. Este livro tentou fornecer algumas pistas sobre uma tragédia que já estava em curso. Todavia, o que ocorreu no Brasil não se deu em função de um surto coletivo, mas de um não rompimento com nosso passado autoritário e com as estruturas que perpetuam a desigualdade. Não fizemos o debate necessário sobre memória e justiça das atrocidades da ditadura e não diminuímos a brutal distância que separa pobres e ricos no país (apesar de termos avançado de maneira significativa na redução da pobreza e na mobilidade social).

A esperança é o único antídoto contra o que nos sufoca. Como colocou o filósofo Ernst Bloch na abertura de sua obra *The Principles of Hope* [Os princípios da esperança], a esperança é algo que precisa ser aprendido. Ao contrário do medo, ela é apaixonada pelo sucesso de uma causa, não pelo fracasso. É superior ao medo, pois não é passiva. A emoção da esperança, ao invés de confinar, amplia os sujeitos.

Um dos intelectuais que melhor falou sobre esse tema foi aquele cuja memória é hoje atacada, cujo legado gigante se tenta apagar e criminalizar. *Pedagogia da esperança*[48] é uma das últimas obras escritas "com raiva e com amor" por Paulo Freire (em 1992). No livro, ele se recusa a se acomodar aos discursos pragmáticos da economia e se adaptar aos fatos, especialmente diante daqueles que diziam que sonho e utopia eram inúteis e inoportunos. Quando perguntado como ter esperança num mundo que nos asfixia, ele respondeu que a democratização da sem-vergonhice que tomava conta do país – e que desrespeita a coisa pública – produzia o efeito reverso: jovens começavam a protestar por todos os lados, tomando as praças públicas. Ele era capaz de ver esperança nas ruas, nos corpos e em cada um de nós.

Para ele, é preciso reconhecer a desesperança como algo concreto, bem como entender as razões históricas, econômicas e sociais que a produzem: os abusos de poder, as extorsões, os ganhos ilícitos, os tráficos de influências, o uso do cargo para satisfação de interesses pessoais. Mas Freire segue lembrando que a esperança é uma necessidade vital. A existência humana e a luta por uma sociedade melhor não podem ocorrer sem esperança e sem sonho. A desesperança é esperança que perdeu o rumo. Como programa, a desesperança imobiliza e faz sucumbir no fatalismo, impossibilitando de juntar as forças indispensáveis ao embate político.

Pedagogia da esperança é, sobretudo, um poético chamado à prática, e também uma defesa da tolerância e da radicalidade. O autor coloca que o livro é uma crítica ao sectarismo e uma recusa ao conservadorismo neoliberal. Afinal, para ele, não há esperança na pura espera. Isso seria uma vã e ingênua esperança, que, sozinha, não transforma nada e logo recai no desalento e se alonga em trágico desespero. Mas sem esperança não há embate, pois a luta não pode se reduzir a cálculos frios. Resistência desesperada, sem sonho, é meramente um corpo a corpo vingativo. Só a esperança não ganha

---

48. FREIRE, Paulo. *Pedagogia da esperança*. Rio de Janeiro: Editora Paz e Terra, 2014.

a luta. Mas, sem ela, a luta fraqueja. Freire ainda lembra que não é esperançoso por pura teimosia, mas porque isso é um imperativo existencial e histórico.

Nesse livro, Paulo Freire falava da juventude nas ruas como um sinal de uma nova geração mais comprometida. Como ele escreveu em 1992, é possível supor que se referia às manifestações pelo impeachment de Fernando Collor. A conclusão mais óbvia que podemos tirar disso é que uma juventude progressista por si só não é suficiente para mudar o conservadorismo. Ou seja, os jovens crescem e muitas vezes se ajustam às estruturas dominantes do país. Isso não é uma inverdade. Estamos aqui, quase três décadas depois, vivenciando as consequências de um golpe que depôs a primeira presidenta a governar o país, culminando em um dos governos mais reacionários de nossa história.

Eu comecei a ir às ruas sem a presença de meus pais em 1992. Penso que a geração pós-Junho de 2013 é muito mais politizada e radical do que a que marchou comigo em minha adolescência. Se antes tínhamos um grêmio estudantil por escola e um Diretório Central dos Estudantes (DCE) por universidade, hoje temos uma quantidade infindável de coletivos em cada instituição de ensino. Via organização on-line e off-line, os jovens de hoje são mais sensíveis e mobilizados nas questões de raça, gênero e sexualidade. Eles também são mais radicalmente afetivos, contestando as estruturas de opressão que se reproduzem entre os próprios aliados, colegas e companheiros. Contudo, como já comentei, a pura fé na próxima geração não se sustenta. De um lado, grupos organizados como o MBL disputam espaço de maneira feroz nos grêmios estudantis do Brasil. De outro lado, o próprio processo de ajustamento à vida adulta – o trabalho e a família – é alienante. Por isso é tão importante que todos lutemos em todas as frentes para garantir o futuro desses jovens em uma democracia.

Não tenho a pretensão de apontar caminhos únicos de saída neste livro. Parabenizo os quase profetas que acreditam ter respostas prontas, absolutas e totalizantes. Minhas direções, na verdade, não são minhas. Elas são inspiradas na prática, no concreto, no que já existe – e que não é pouco.

Avançando no trabalho de Ernst Bloch, a socióloga e ativista Ana Cecilia Dinerstein, em seu livro *The Politics of Autonomy in Latin America* [A política da autonomia na América Latina] e em outros artigos, desenvolve a ideia acerca de uma "utopia concreta" na arte de organizar a esperança, que é a capacidade que os movimentos possuem de, ao lutar contra o "barbarismo", criar modos de vida alternativos, novos mundos todos os dias. Ou seja, como apontava Paulo Freire, não se trata de uma vã esperança, mas de uma prática que, na afirmação de uma nova realidade, desnaturaliza e nega a opressão. Além disso, para a autora, ao confrontar as estruturas dominantes, essa luta demanda profunda criatividade, algo que temos visto nas táticas de manifestação do feminismo jovem do Brasil à China.

Para dar lugar à ação, diria Hannah Arendt no ensaio "A mentira na política", é preciso se remover, de maneira mental, de onde estamos fisicamente colocados e imaginar que as coisas poderiam ser diferentes. Não se cria um mundo novo sem reverter a *pane de imaginação* que o neoliberalismo e o autoritarismo provocam, para usar a expressão de Pierre Dardot e Christian Laval no livro *A nova razão do mundo*. E imaginação não é procurar no nada uma forma de vida diversa, mas tentar encontrar inspiração, reconhecer e fortalecer o que já existe na busca do bem comum e da vivência democrática que se colocam como alternativas à conduta hiperindividualista neoliberal.

Minha forma de traduzir o pensamento sobre esperança para o Brasil de hoje é fincando o pé na terra firme e em tudo que já existe em forma de luta e de arte. É fortalecendo e articulando os antigos movimentos e os novos coletivos, mas também criando novos espaços para reforçar o cordão de resistência democrática. Não é preciso reinventar a roda, mas é crucial rever nossas vanguardas.

Transferir o sonho de um mundo melhor para o futuro é uma posição cômoda. Construir o futuro melhor todos os dias em meio à imperfeição da coletividade e de seus sujeitos é muito menos confortável. A catástrofe dos dias de hoje não pode nos imobilizar. O medo e a ansiedade têm esse nefasto poder de cegar. O governo tem traços terroristas na medida em que atua na produção do pânico social. Às vezes, falta-nos a capacidade de olhar para além do temor e das manchetes diárias. Esquecemo-nos o tanto de resistência que existe. Frequentemente, eu escuto que o Brasil já deveria ter tomado as ruas, que estamos imobilizados. Eu não concordo com essa afirmação. Grandes marchas, ainda que fundamentais, não são a única forma de resistir, como mostram professores, estudantes, artistas, movimentos camponeses, quilombolas, indígenas, coletivos de favelas, funcionários públicos…

Por todos os lados, encontramos atos, protestos, indignação, reação e renovação. Em plena aliança de Bolsonaro com os grandes proprietários rurais, a Marcha das Margaridas de 2019 reuniu 100 mil mulheres camponesas em Brasília. Quando a prefeitura do Rio de Janeiro censurou os livros de temática LGBTQI+ na Bienal do Livro de 2019, uma multidão de jovens reagiu e – com a ajuda do youtuber Felipe Neto, que comprou 14 mil exemplares – transmutou um ato de censura em um ato de protesto, afeto e amor aos livros. A iniciativa #TinderDosLivros, de Winnie Bueno, já doou cerca de 1000 livros a estudantes negros em uma rede descentralizada e autogestada movida exclusivamente pela solidariedade.

Os programas educacionais Rede Emancipa e o Emancipa Mulher atraem milhares de alunos que buscam formação pré-vestibular ou feminista e antirracista. Há slams surgindo em todas as quebradas. A Escola Comum em São Paulo é uma escola de governo progressista e de excelência internacional para jovens de periferias. A mobilização dos estudantes do Centro Federal de Educação Tecnológica (Cefet-RJ), no Rio de Janeiro, tem conseguido barrar a atuação do interventor. A Associação Mães e Pais pela Democracia nasceu para defender o pensamento livre e crítico nas escolas e se opor ao projeto Escola Sem Partido. Em pouco tempo, a organização alcançou 12 mil associados – número que cresce exponencialmente –, atuando em 100 escolas gaúchas. O Coletivo Morro da Cruz, de minha colega Lucia, se formalizou em 2019 e hoje conta com a mobilização autônoma dos moradores da área que estão engajados em um processo de alfabetização e formação cultural de crianças e jovens que transformam a realidade da periferia.

No trabalho de campo com Lucia, como vimos no capítulo "A Revolta das Vedetes", foi nas meninas jovens, especialmente negras, que mais encontramos resistência ao projeto autoritário bolsonarista. Há algo muito potente – e inspirador – na rejeição dessas mulheres à figura do presidente. Intelectuais como Patrícia Hill Collins[49] e Angela Davis[50], entre muitas outras, vêm chamando atenção para a importância da articulação com as mulheres negras, por exemplo, porque são elas as mais vulneráveis e oprimidas pelo sistema dominante. Na mesma direção, a pesquisadora e ativista Winnie Bueno[51] defende que os processos de resistência constituídos por essas mulheres são fundamentais para a construção de mudanças sociais eficazes para a transformação social. Portanto, é junto a elas que precisamos resistir em tempos de profunda crise.

O mesmo pode ser dito sobre os indígenas – que hoje são os grupos tidos como inimigo número um de Bolsonaro. A ex-candidata a vice-presidente da República pelo PSOL, Sônia Guajajara, ao mesmo tempo que tem alertado para o crescente extermínio dos povos indígenas no atual governo, reforça sempre a importância de renovar estratégias de lutas, como articular apoio internacional e incentivar o boicote a produtos do agronegócio.

Diante de todos esses exemplos, penso que a esquerda institucional precisa de um horizonte para sonhar e, consequentemente, construir. Talvez falte a ela investir na potencialidade das minas dos slams, nas novas lideranças eleitas, nos frutos de Marielle. Talvez falte ceder lugar a novas práticas políticas e figuras da política que

---

49. COLLINS, Patricia Hill. *Pensamento feminista negro*. São Paulo: Boitempo Editorial, 2019.
50. DAVIS, Angela. *Mulheres, raça e classe*. São Paulo: Boitempo Editorial, 2016.
51. BUENO, Winnie. *Processos de resistência e construção de subjetividades no pensamento feminista negro*. Dissertação de Mestrado. Programa de Pós-Graduação em Direito, Unisinos, 2019.

estejam conectadas com as formas de luta emergentes do século XXI. Talvez falte simplesmente deixar que o novo assuma seu lugar.

A deputada federal (PSOL-MG) Áurea Carolina, em uma coluna para o Nexo em agosto de 2019, escreveu que o movimento vira-voto nas eleições de 2018 foi um exercício de cura da pulsão bolsonarista. Com humildade, saímos às ruas para uma conversa desarmada com as pessoas. Rompemos com a lamentação e assumimos nossa responsabilidade de ação. Não foi suficiente para reverter a vitória de Jair Bolsonaro, mas algo se criou na própria disposição ao diálogo. Áurea Carolina reflete sobre a importância de sair da lamúria e do adoecimento a partir de um comprometimento prático e propositivo, que deve ter o espírito do "vira-voto", que rompia com a ordem individualista e competitiva e restabeleça o princípio democrático de amor e convivência na diversidade.

Mataram Marielle, é verdade. E nada pode ser simultaneamente tão concreto e simbólico da mais opaca e brutal realidade de nossos tempos. Mas sua irmã, Anielle Franco, e sua família estão incansavelmente, todos os dias, resistindo em plena dor para resgatar e dar continuidade ao seu legado de lutas. Quais razões nós temos para não fazer o mesmo? Todos os dias as acadêmicas feministas e ativistas Lola Aronovich e Debora Diniz são perseguidas e ameaçadas de morte por grupos masculinistas de extrema-direita da forma mais vil que se pode imaginar. Elas seguem na luta mais do que nunca. Quais razões nós temos para não fazer o mesmo?

Em tempos sombrios de avanço conservador, de alienação, de medo do autoritarismo e de individualismo atroz que causa uma crise de autovalor e de sentido nos indivíduos, estar no coletivo é uma forma de resistir, de lembrar que, apesar de tudo, somos animais sociais. Juntos nós nos fazemos vivos e lutamos contra a vontade de morte, arma e tortura. Estamos respirando, com nossos sentidos e nosso senso de justiça aguçados. Do colapso, reconstroem-se mundos e modos de vida. Enquanto estivermos em pé, nossa utopia se chamará esperança, a esperança se transformará em luta, e a luta será o próprio amanhã melhor – e maior.

**Acreditamos
nos livros**

Este livro foi composto em Fairfield LT Std e
impresso pela Geográfica para a Editora Planeta
do Brasil em outubro de 2019.